어린이를
위한
국군무기
이야기

* 이 책은 방일영문화재단의 지원을 받아 저술 출판 됐습니다.
* 이 책은 《어린이조선일보》의 연재물 〈무기도감〉을 기반으로 저술됐습니다.

어린이를 위한 국군 무기 이야기

맹수열 지음

Military Weapons Story

바른북스

추천사

그동안 무기는 사람을 살상한다는 기본 개념 때문에 어린이들에게 소개하기 참 어려운 주제였습니다. 탱크, 비행기와 같은 무기에 관심이 많은 어린이들이 상당함에도 무기에 대해 체계적으로 설명한 책이 나오지 않은 것은 이 때문이었죠.

저자는 10살 아들을 둔 아빠이자 국방 분야의 전문지라고 할 수 있는 《국방일보》의 기자로서 이 부분에 주목한 것 같습니다. 군사 전문 기자 아빠가 '밀덕' 아들에게 알기 쉽고 편안하게 무기 이야기를 들려주는 식으로 글을 구성했습니다.

이 책의 미덕은 단순히 무기체계의 제원과 특징, 위력을 소개하는 데 그치지 않는다는 점입니다. 무기체계를 운용하는 각 군이 왜 이 무기체계를 선택했는지, 실제 전장에서 이 무기체계가 어떤 역할을 하는지, 나아가 무기체계를 활용한 전투의 양상이 어떻게 펼쳐지는지 등을 파악할 수 있도록 돕고 있습니다. 아직 전략, 전술이란 개념이 익숙지 않은 어린 독자들도 쉽게 이해할 수 있도록 말이죠.

저자는 한 걸음 더 나아가 최근 대한민국의 미래 산업으로 주목받고 있는 방위산업, 이른바 'K-방산'의 중요성도 강조하고 있습니다.

일부 항공기를 제외하면 책에 소개된 거의 모든 무기체계는 국산화에 성공한 것들이죠. 세계 수준으로 우뚝 선 대한민국 방위산업의 힘을 어린 독자들에게 알려 자긍심을 심어주고, 나아가 미래 방위산업의 핵심 인재를 꿈꿀 수 있도록 하는 역할도 하고 있습니다.

저자는 서문에서부터 어린이들에게 왜 강한 국방력을 가져야 하는가에 대한 화두를 던지고 있습니다. 어른들이 정해놓은 생각을 따라가는 것이 아닌 스스로의 판단에 맡기면서요. 저 역시 어린이들이 '강한 힘'의 필요성과 이 강한 힘을 '현명하게 사용하는 법'을 익히길 간절히 기원합니다.

대한민국은 이제 6·25전쟁의 상처를 딛고 선진국 반열에 우뚝 서 있습니다. 정치, 경제, 사회, 문화 모든 분야에서 눈부신 성장을 이뤘죠. 그 가운데는 강한 국방력 역시 자리하고 있습니다. 이 책을 읽는 어린이들이 우리 국군의 강한 힘과 그 원천이 되는 국산 무기체계에 대한 지식을 쌓아 먼 훗날 대한민국을 이끄는 멋진 인재로 자라나길 소망합니다.

2025년 5월 27일
국회의원 유용원
(전 《조선일보》 군사 전문 기자)

들어가는 글

우리는 왜 무기가 필요할까요?

안녕하세요. 여러분에게 무기 이야기를 소개할 《국방일보》 맹수열 기자라고 합니다. 본격적인 무기 소개에 앞서 여러분께 무기란 무엇인지, 우리가 왜 무기를 가지고 있는지에 대한 설명을 해드리려고 합니다. 사람을 죽이는 무기를 왜 가지고 있는지, 그것을 어떻게 사용해야 하는지를 알고 나서 무기에 대한 이야기를 하는 것이 순서라고 생각했기 때문이에요.

우리나라, 대한민국은 과연 얼마나 많은 무기를 가지고 있을까요? 아주 정확한 지표는 아니지만 세계 여러 나라의 군사력을 조사하는 글로벌 파이어파워(Global Firepower)라는 비정부 기구의 조사에 따르면 대한민국은 2023년 현재 세계에서 여섯 번째로 군사력이 강한 나라라고 합니다. 앞에는 미국, 러시아, 중국, 인도, 영국 같은 이름만 들어도 강해 보이는 나라들이 있죠. 글로벌 파이어파워가 조사하는 145개 나라 가운데 6위라니. 놀라운 사실이 아닐 수 없습니다. 우리가 미국이나 러시아, 중국처럼 큰 나라가 아닌데도 그에 못지않은 강한 힘을 가지고 있다는 것을 뜻하니까요. 혹시 궁금하신 분들을 위해 알려드리자면 북한은 34위에 랭크돼 있습니다.

그럼 우리는 왜 이렇게 강한 무기와 군인을 가지고 있는 걸까요? 다들 예상하시겠지만 앞서 말한 북한의 존재 때문입니다. 우리는 70여 년 전 북한으로부터 공격을 받아 6·25전쟁이라는 큰 비극을 겪었었죠? 다시는 이런 일이 벌어지지 않도록 하기 위해서는 강한 힘을 갖춰야 한다는 것을 깨닫고 강한 군사력을 갖추기 위해 노력해 왔습니다. 지금의 6위는 70년 동안 우리나라가 노력한 결과라고 할 수 있어요.

군사력에 있어 무기는 굉장히 중요한 요소입니다. 좋은 무기가 있으면 더 잘 싸울 수 있기 때문이겠죠? 그런 의미에서 좋은 무기를 가지고 있는 것은 매우 중요하답니다. 이제부터 소개해 드릴 무기 대부분은 세계에서 '명품'으로 불리기에 손색이 없는 훌륭한 것들이라는 점을 미리 알려드리고 싶네요. 더 대단한 것은 이 무기 대부분이 우리나라 기술, 우리의 힘으로 만들었다는 사실입니다.

그런데 여기서 잠깐. 우리가 놓치고 있던 사실에 대해 질문해 볼게요. 무기의 본래 용도는 '사람을 죽이는 것'입니다. 그렇다면 왜 우리는 이 사람을 죽이는 물건을 가지고 있어야 할까요? 무기 없이 평화로운 세상이라면 참 좋을 텐데요. 굳이 무기를 가지고 서로를 겨누며 싸움을 하는 걸까요? 무기가 과연 필요할까요?

이야기한 것처럼 서로 무기를 내려놓고 폭력을 행사하지 않겠다고 약속한다면 그보다 좋은 것은 없을 것입니다. 하지만 역사를 돌이켜 보면 늘 갈등을 넘어 전쟁이 계속됐었죠. 결국 스스로를 지키기 위해서는 무기를 들 수밖에 없는 상황이 생기게 됐습니다. 이것은 국가 역시 마찬가지. 세계 각 국가는 저마다 이익을 위해 주변 나라들과 갈등을 빚어왔죠. 때로는 종교를 이유로 길고 긴 전쟁이 벌어지기도 했습니다. 결국 각 국가는 자신을 지키기 위한 수단으로 강한 군대를 가지게 됐습니다. 스스로를 보호하기 위한 수단, 그것이 무기의 존재 이유이기도 하죠.

하지만 남들보다 강한 무기를 손에 쥐면 생각이 달라지기도 하죠. 유명한 제1・2차 세계대전이 대표적인 예입니다. 지금 벌어지고 있는 우크라이나-러시아 전쟁 역시 무력으로 상대를 굴복시키겠다는 생각으로 시작된 전쟁이죠. 무기란 쥐고 있는 사람이 어떤 생각을 갖느냐에 따라 '지키는 것'에서 '빼앗는 것'으로 바뀌곤 합니다.

그렇다면 강한 무기를 갖추고 있는 우리는 무기를 어떻게 사용해야 할까요? 저마다 많은 생각들이 있을 것 같습니다. 이에 대한 답은 여러분 스스로에게 맡기도록 하겠습니다. 그러면 이제부터는 우리 국군이 가진 강력한 무기에 대해 하나하나 알아보는 시간을 가져볼까요?

목차

추천사

들어가는 글 — 우리는 왜 무기가 필요할까요?

1 땅을 지배한다!
: 지상 무기 들여다보기

1. 세계를 호령하는 '블랙 팬서' – K2 흑표 전차 ... 15
2. 세계가 주목하는 '명품 자주포' – K9 자주포 ... 19
3. '지상전 3대장'의 막내 – K21 장갑차 ... 23
4. 바퀴 달린 '전장의 만능 재주꾼' – K808 · 806 차륜형 장갑차 ... 27
5. 움직이는 지휘소 – K877 차륜형 지휘소 차량 ... 31
6. 파도를 뚫고 달려라 – 한국형 상륙돌격장갑차 KAAV ... 35

7. 하늘을 나는 호랑이 – 비호복합 대공무기체계   39

8. 마하의 속도로 요격하라 – 중거리 지대공 미사일 천궁   44

9. 더 가볍고 더 강력하게 – KM187 박격포   49

10. 하늘에서 떨어지는 천둥 – 120㎜ 자주 박격포 비격   53

11. 전쟁 영웅의 창의성을 이어받아 – K105A1 차륜형 자주포 풍익   57

12. 다리가 없으면 만들면 되지! – K1 교량전차와 리본부교(RBS)   61

13. 땅과 강을 자유롭게! – KM3 한국형 자주도하장비   66

2. 대양해군의 꿈을 위해
: 군함 이야기

1. 신의 방패 – 세종대왕급 이지스 구축함   71

2. '대양해군'의 시작 – 광개토대왕급 구축함   75

3. 차원이 다른 강력함 – 충무공이순신급 구축함   83

4. 바닷속 '침묵의 수호자' – 도산안창호급 잠수함   90

5. 영웅의 이름을 이어받아 – 윤영하급 유도탄고속함   94

6. 바다 위 거대한 요새 – 독도급 대형 수송함   98

7. 전쟁의 판도를 바꾼다 – 천왕봉급 상륙함   102

8. 사람 살리는 군함 – 강화도급 잠수함구조함   106

3 공중을 지배하는 자가 전쟁을 지배한다
: 공군 항공기 대해부

1. 대한민국에서 가장 많은 전투기 – (K)F-16 파이팅 팰컨 전투기 ... 111
2. 대한민국 대표 전투기 – F-15K 슬램 이글(Slam Eagel) 전투기 ... 116
3. 우리 힘으로 만든 초음속 전투기 – FA-50 파이팅 이글 전투기 ... 121
4. 세계 최고 전투기, 대한민국을 지키다 – F-35A 프리덤 나이트 전투기 ... 125
5. 하늘 위의 주유소 – KC-330 시그너스 다목적 공중급유 수송기 ... 129
6. 55년간 하늘을 지킨 '유령' – F-4 팬텀 전투기 ... 134
7. 하늘 위의 전투지휘소 – E-737 피스아이 공중조기경보통제기 ... 138

4 전투기만 있는 게 아니야!
: 육·해군 항공기들

1. 바다 위를 누비는 잠수함 킬러 – P-3C 오라이언 해상초계기 ... 143
2. 또 하나의 잠수함 킬러 – AW-159 와일드캣 해상작전 헬기 ... 147
3. '하늘의 왕' 독수리를 닮았다 – KUH-1 수리온 기동헬기 ... 151
4. 우리 힘으로 만든 공격헬기 – 소형 무장헬기(LAH) 미르온 ... 155
5. 세계 최강의 공격헬기 – AH-64E 아파치 가디언 ... 159

5 무기의 기본
: 국군 총기 도감

1. 50만 국군 장병의 친구 – K2 소총 165
2. '원 샷, 원 킬(One Shot, One Kill)'의 로망 – K14 저격소총 170
3. 400m를 날아가는 수류탄 – K201 유탄 발사기 174
4. 유탄 발사기의 진화 – K4 고속유탄기관총 178
5. 선택받은 자들의 총 – K7 소음기관단총 182
6. 세계에서 단 하나뿐인 권총 – K5 권총 186

나가는 글 – 총 한 자루 없던 대한민국, K-방산으로 세계에 우뚝

1
땅을 지배한다!

: 지상 무기 들여다보기

세계를 호령하는 '블랙 팬서'
- K2 흑표 전차

여러분들은 어떤 무기를 가장 좋아하시나요? 전투기, 잠수함같이 여러 답이 나올 수 있지만 제 예상에는 '탱크(Tank)'가 1위가 아

닐까 싶은데요.

 탱크의 우리말은 전차(戰車)입니다. 한문을 풀이해 보면 '싸우는 차', 전투용 차라는 뜻 정도 되겠죠. 전차가 개발되기 전 사람 대 사람, 혹은 사람 대 말을 탄 기병 정도가 전투를 이끌었지만 전차가 전쟁터에 나타나면서 판도는 확 바뀌었습니다. 사람, 즉 보병이 쏘는 총으로는 전차의 두꺼운 장갑을 도저히 뚫을 수 없었죠. 육중한 차체로 밀어붙이기 시작하면 보병들은 혼비백산 도망가기 일쑤였습니다. 6·25전쟁 당시 제대로 된 전차를 갖지 못했던 국군은 소련의 지원을 받은 북한군 전차에 속수무책으로 밀릴 수밖에 없었죠.

 하지만 지금은 이야기가 다릅니다. 대한민국은 현재 세계 최고 수준의 전차를 스스로 만들 수 있는 능력을 갖추고 있어요. 더구나 어지간한 강대국 못지않게 많은 수를 보유하고 있죠. K2 흑표가 그 주인공입니다.

 K2 흑표 전차는 미국의 M1A2 에이브럼스(Abrams)와 독일의 레오파르트(Leopard)2 등 세계 최고 전차와 어깨를 나란히 하는 3.5세대 전차입니다. 에이브럼스나 레오파르트가 1970년대에 처음 개발이 된 것을 감안하면 2000년대 개발된 K2 흑표야말로 진정한 최신형 전차라는 평가도 나오고 있죠. 미국 군사 전문 매체《밀리터리 워치 매거진(Military Watch Magazine)》은 K2 흑표를 '블랙 팬서(Black Panther)'로 부르며 세계 전차 순위 1위에 올려놓기도 했죠.

 2014년 대량 생산을 시작해 우리 군에 도입된 K2 흑표는 55톤이라는 가공할 중량을 가지고 있음에도 최대 70㎞/h 속도로 달릴 수 있습니다. 이는 말 1,500마리가 내는 힘을 뜻하는 1,500마력의 엔진 덕분이죠.

마냥 빠르기만 한 것도 아닙니다. 요즘은 '승차감'이 중요하니까요. K2 흑표는 힘껏 달릴 때 진동·충격을 흡수하고, 차체를 안정적으로 유지할 수 있는 장치를 갖추고 있습니다. 이는 단순히 승차감만 좋게 하는 것이 아니라 달리는 중 주포를 쏘는 기동 사격의 정확도를 높이는 데도 큰 몫을 하죠. 또 차체 높이를 좌우·앞뒤로 조절할 수 있는 기능도 갖추고 있습니다. 이를 활용해 차체를 낮춰 수풀 속에 숨을 수 있고, 차체를 높여 주포의 발사 각도를 넓히는 여러 가지 역할을 하게 되죠.

무엇보다 눈에 띄는 것은 엄청나게 긴 주포입니다. 55구경, 120㎜에 달하는 K2 흑표의 주포는 명중률과 관통력이 대단히 높습니다. 또 목표물을 자동 추적하는 장치를 도입해 공격력도 높였습니다.

K2 흑표가 다른 유명 전차와 차별화된 기술은 다름 아닌 자동 장전 장치입니다. 옛날 전차에서는 탄약수라고 불리는 병사가 직접 포탄을 들어 주포에 장전해 발사하곤 했죠. 아무리 힘세고 능숙한 탄약수라도 전투가 길어지면 장전 속도가 늦춰질 수밖에 없었습니다. 하지만 K2 흑표는 자동 장전 장치를 통해 1분에 10발을 안정적으로 쏠 수 있게 됐죠. 이 밖에도 전차를 공격하는 미사일을 탐지해 이를 회피하는 연막탄을 발사하는 등 여러 기능을 갖춘 능동 방어 장치와 방호용 레이더, 레이저 경고 장치 등을 통해

적의 공격을 효과적으로 피할 수 있는 것도 장점입니다.

　최고 수준의 전차인 K2 흑표는 말씀드린 것처럼 세계가 주목하고 있는데요. 이미 폴란드 등 여러 나라에 수출되면서 성능을 입증받고 있습니다. 앞으로도 K2 흑표를 더 찾을 나라들도 많다는데요. 맨몸으로 싸웠던 6·25전쟁 당시와 비교하면 놀라운 변화입니다. 그리고 이런 K2 흑표가 있는 이상 우리 땅도 쉽게 침범할 수 없지 않을까 합니다.

전투 중량	55톤
길이	10.8m
폭(너비)	3.6m
높이	2.4m
최고 속도	70km/h(포장), 50km/h(야지)
도하 능력	4.1m 잠수도하
엔진	1,500마력, 디젤
승무원	3명
무장	120mm 55구경장 활강포
	12.7mm, 7.62mm 기관총

ǀ K2 흑표 전차 제원

② 세계가 주목하는 '명품 자주포'

- K9 자주포

전차는 사람, 보병을 대신해 두꺼운 장갑을 갖추고 달려나가는 무기죠. 그런데 한 가지 생각해 볼 부분이 있습니다. 아무리 좋은

전차라도 모든 공격을 다 막아낼 수 있을까요?

답은 당연히 '그렇지 않다'입니다. 튼튼한 전차라고 할지라도 대전차 미사일, 지뢰, 심지어 사람의 돌격을 통한 수류탄 투하 등으로 파괴될 수 있죠. 적 역시 전차를 가지고 있기 때문에 전차 대 전차의 전투가 벌어지면 피해는 더 커질 것이고요. 전차의 방어력만 믿고 무작정 밀고 들어갔다가는 큰코다치기 십상입니다.

그래서 지금의 전쟁은 아주 체계적인 방식으로 이뤄집니다. 먼저 먼 거리에서 포탄을 쏴 상대를 초토화시킨 다음에 전차와 장갑차, 보병이 전진하는 방식이 대표적인데요. 이렇게 하면 보다 안전하게 목표 지점을 점령할 수 있겠죠?

이제 소개해 드릴 무기는 그래서 참 중요합니다. 그리고 우리 기술을 총동원해 세계에서도 손꼽히는 명품 무기로 인정받기도 하고요. 바로 K9 자주포입니다.

K9은 얼핏 보기에 전차와 비슷하게 생겼습니다. 하지만 하는 일은 전혀 다르죠. 가장 큰 차이는 바로 포탄을 쏘는 포신에 있습니다. 120㎜ 포탄을 사용하는 K2 흑표 전차에 비해 큰 155㎜ 포탄을 사용하는 K9은 포신이 더 길게 만들어졌습니다. 그만큼 사거리도 길죠. 지금은 40㎞ 떨어진 목표물을 맞출 수 있도록 돼 있지만 최근 연구가 완료된 새 포탄을 사용하면 60㎞까지 사거리가 늘어납니다. 서울에서 북한 개성까지의 거리가 그 정도 되니 엄청난 사거리를 보유하게 되는 것이죠.

우리 군은 현재 K9과 개량형 K9A1을 함께 사용하고 있습니다.

특히 K9A1은 세계 최고의 자주포로 불리는 독일의 판처하우비처(PzH-2000)와 비교해도 손색이 없다는 평가를 받고 있습니다. 더욱이 가격이 거의 절반 수준이라 많은 나라들이 K9A1을 도입하기 위해 노력을 하는 정도죠. 라이벌인 판저하우비처는 2002년 이후 생산되고 있지 않지만 K9A1은 지금도 생산·개량이 계속되고 있다는 것도 장점입니다. 이미 세계적으로 K9 혹은 K9A1이 배치된 수량도 압도적이죠. 폴란드, 터키, 핀란드, 에스토니아, 노르웨이, 인도에 수출된 것은 물론 세계적인 군사 강국 영국도 K9 자주포에 관심을 보이고 있습니다. 이는 그만큼 성능이 우수하다는 증거죠.

K9의 가장 큰 자랑거리 중 하나는 바로 놀라운 발사 속도입니다. 보통 훈련에서는 1분에 1~2발을 발사하지만 급속 발사를 할 경우 15초 안에 3발까지 쏠 수 있습니다. 이후 3분 동안은 1분에 6발, 즉 10초에 1발씩 발사할 수 있죠. 많은 포탄을 빠르게 쏘고 적에게 들키지 않게 다른 곳으로 이동해야 하는 자주포의 역할을 생각해 보면 이는 엄청난 장점입니다. 이렇게 빠른 발사가 가능한 것은 사람이 직접 포탄을 나르는 것이 아닌 자동 장전 방식을 사용하기 때문인데요. 여기에 '짝꿍'인 K10 탄약운반장갑차의 자동 급탄까지 더해지면 화력은 더 강력해지죠. 여기에 1,000마력의 엔진을 바탕으로 최대 60km/h로 달릴 수 있기 때문에 사격 후 빠르게 은폐를 할 수 있죠. K9A1은 이런 자동 사격 통제 장치의 효율을 더 높이고 위치항법장치(GPS), 후방 감지기, 조종수 보호 안

전장치 등을 추가해 생존성을 크게 높였습니다.

　세계가 주목하는 K9은 명실공히 '명품 자주포'로 꼽히고 있습니다. 하지만 여기서 끝나지 않을 것 같은데요. 군은 미래 전쟁에 맞춰 K9A2 자주포 개량을 진행하고 있습니다. K9A2에 정확히 어떤 기술이 들어갈지는 모르지만 현재로선 원격·무인 조종이 가능할 것이란 예상이 나오고 있습니다. 강력한 '한 방'으로 적을 제압하고 승리를 안겨주는 K9의 진화는 여전히 현재진행형입니다.

전투 중량	47톤
최대 사거리	40km
엔진출력	1,000마력
최고 속도	60km/h
주 무장	155mm 강선포
운용 인원	5명

ㅣ K9·K9A1 자주포 제원

'지상전 3대장'의 막내
- K21 장갑차

 장갑차는 전차, 자주포와 함께 '지상전의 3대장'이라고 할 수 있는 무기체계예요. 이름부터 이미 '장갑을 두른 차'라고 하고 있죠? 장갑차는 총을 들고 뛰어가는 보병들이 총을 들고 뛰어가는 수고

를 대신하기 위해 만들어진 무기입니다. 장갑차가 있기 때문에 군인들은 더 안전하고 빠르게 목표 지점으로 향할 수 있게 됐죠.

우리 육군이 사용하고 있는 보병 전투 장갑차(IFV, Infantry Fighting Vehicle)는 K21입니다. 우리 기술로 만든 K21은 공격력과 방어력 모두 수준급이라는 평가를 받고 있죠. 특히 공격력이 꽤나 우수한데요. 장갑차로는 흔치 않은 40㎜ K40 기관포를 주포로 갖추고 있습니다. 미국의 M2 브래들리 장갑차(25㎜)를 비롯해 대부분의 해외 장갑차들이 40㎜ 미만의 주포를 갖춘 것에 비하면 상당히 강력한 화력입니다. 1분에 무려 300발 발사할 수 있는 K40 기관포는 적 장갑차를 단숨에 파괴할 수 있는 위력적인 날개안정분리철갑탄과 수백 개의 파편을 날려 넓은 곳을 한 번에 쓸어버릴 수 있는 복합기능탄 등 다양한 탄을 선택·발사할 수 있습니다. 최신 기술로 만들어진 조준경, 거리·탄도 계산기는 정확한 사격을 돕죠. 여러 표적을 상대할 수 있는 '헌터 킬러'란 기능도 있습니다.

장갑차의 존재 이유인 방어력 역시 탁월합니다. K21은 금속보다 20% 이상 가벼운 첨단 복합 적층 장갑이란 소재로 차체를 두르고 있죠. 장갑차의 장갑은 무엇보다 튼튼해야 합니다. 그다음 중요한 것은 무게죠. 금속 소재보다 튼튼하면서 가벼운 이 소재를 사용함으로써 K21은 더 강하고 빠른 장갑차로 거듭날 수 있었습니다. 장갑이 가벼운 것의 장점은 하나 더 있는데요. 바로 엔진이 감당할 수 있는 무게에 여유가 생기기 때문에 무장, 혹은 병력을 더 태울 수 있게 되는 것이죠. K21은 25톤에 달하는 장비와 최대

12명까지 탈 수 있는 장갑차입니다. 장갑이 튼튼한 것에 더해 첨단 장비로 방어력을 더 높였는데요. 먼저 같은 편끼리 오해해 사격하는 것을 막기 위해 피아식별기(IFF, Identification Friend or Foe)를 장착하고 있고, 적의 포나 유도무기에 대비하는 레이저 경고 장치도 갖추고 있죠. 또 유독 가스 등 화생방 전투에 대비해 양압 장치로 승무원을 집단 보호 할 수 있도록 만들어져 치열한 전쟁터에서 생존할 수 있는 가능성을 크게 했죠.

속도 역시 중요하죠. K21은 우수한 엔진을 갖추고 있는데요. 그래서 도로에서는 최고 70km/h, 산지에서는 40km/h 속도로 달릴 수 있습니다. 전차와 어깨를 나란히 하며 전진이 가능한 정도죠.

또 산과 강이 많은 한반도의 지형을 극복하기 위해 자체 도하 기능을 가지고 있어 물속에서도 운행이 가능하죠. 아까 말씀드린 것처럼 가벼운 데다 엔진 성능도 우수해 산과 강을 넘나들며 **빠르게 기동할 수 있습니다.**

K21은 주행성이 매우 탁월하다는 평가를 받고 있는데요. 보통 군대에서 사용하는 장비들은 많이 흔들리고 시끄러울 것이라 생각하죠? 하지만 K21은 암 내장형 현수 장치(ISU, In-arm Suspension Unit)라는 기술을 사용해 달릴 때 바닥에서 전달되는 진동을 흡수할 수 있습니다. 이는 험준한 산속에서도 장병들이 편하게 이동하고, 안정적으로 전투를 수행할 수 있는 승차감을 제공하죠. 덕분에 정밀한 작업이 필요한 전자장비 역시 제 기능을 할 수 있습니다.

장갑차는 전투가 벌어지면 전차와 함께 맨 앞을 질주하는 무기입니다. 그만큼 공격력과 방어력 모두를 갖춰야 하죠. '전장의 팔방미인' K21은 그 역할을 톡톡히 수행하고 있는 훌륭한 국산 무기라고 할 수 있습니다.

전투 중량	25톤
최고 속도	70km/h(수상 속도 7km/h)
운행 거리	450km
주 무장	40㎜ 기관포, 7.62㎜ 기관총
탑승 인원	12명(승무원 3명 포함)

| K21 보병 전투 장갑차 제원

바퀴 달린 '전장의 만능 재주꾼'
- K808·806 차륜형 장갑차

지금까지 소개한 무기체계의 공통점은 무엇일까요? 바로 모두 바퀴 위를 덮고 있는 궤도를 사용하고 있다는 점입니다.

이 궤도는 무한궤도(無限軌道) 또는 캐터필러 궤도라고 불리는데요. 바퀴와 바퀴 둘레에 판으로 연결한 궤도를 씌우는 방식입니다. 무한궤도를 장착하면 바퀴보다 땅에 닿는 면적이 넓어지기 때문에 무게를 분산시키는 효과를 낼 수 있죠. 이는 비가 많이 와 땅이 물러져도 가라앉거나 갇히지 않고 앞으로 나아갈 수 있다는 장점을 가지고 있습니다. 주로 산이나 강가 등 험한 지형을 달려야 하는 전차, 자주포, 장갑차에 궤도는 아주 요긴한 장비입니다.

그런데 이제는 도로가 많이 발달했죠? 웬만한 산도 다 아스팔트 도로가 있는 지금입니다. 또 옛날보다 도시도 많이 생겼고요. 이런 도로를 달릴 때는 궤도가 오히려 방해만 될 수 있습니다. 모든 지형에서 달릴 수 있지만 바퀴보다 느리다는 단점도 있고요.

우리 군은 이런 지금의 작전 환경을 반영해 새로운 장갑차를 탄생시켰는데요. 바로 보병 수송용 K806, 보병 전투용 K808 차륜형 장갑차입니다. 차륜(車輪)은 말 그대로 자동차 바퀴를 뜻합니다. 앞서 이야기한 다른 장비들과 달리 바퀴로 달리는 장갑차죠.

사실 이름도 아주 직관적입니다. 바퀴가 6개인 장갑차는 K806, 8개인 장갑차는 K808이죠. 우리가 타고 다니는 자동차보다 바퀴 수가 많은 이유는 무엇일까요? 전쟁터에서 혹시 바퀴 1~2개가 터지더라도 움직일 수 있도록 하기 위함입니다. 여기에 타이어에 구멍이 나더라도 최대 시속 90km까지 계속 달릴 수 있는 특수타이어인 '런플랫 타이어'를 사용하기 때문에 계속 임무를 수행할 수 있습니다.

 현재 K808은 전방 지역에서 장병들의 수색·정찰 임무에 활용되고 있습니다. K806은 주로 도시가 많은 후방 지역에서 기동 타격, 수색·정찰에 동원되고 있죠.

 K806·808 차륜형 장갑차는 앞서 언급한 것처럼 궤도를 사용하는 장갑차들보다 기동성이 매우 우수합니다. 궤도 장비인 K21 장갑차의 최고 시속이 70㎞인데 비해 K806·K808 장갑차는 100㎞에 달하죠. 또 경사가 진 곳을 지나갈 때 어려움을 겪는 궤도 장비와 달리 경사 지역도 순식간에 돌파합니다. 물속에서도 운행이 가능하고요.

 장갑차 특유의 생존성도 뛰어납니다. 임무에 맞춰 총탄은 작지만 강한 폭발력을 지닌 유탄을 발사할 수 있는 K4 고속유탄기관총과 큰 총탄을 빠르게 발사해 주변을 초토화시키는 K6 중기관총을 골라서 장착할 수 있고요. 반대로 철갑탄으로 불리는 장갑차

전용 총탄은 물론 지뢰를 밟아도 큰 타격을 입지 않는 장갑을 갖추고 있습니다. 자동 소화 장치 등 필수 생존 장치도 있죠. 이 밖에 도로 상태에 따라 최적의 타이어 공기압을 찾아 제어하는 타이어 공기압 조절 장치, 깜깜한 밤에 빛이 없어도 주변을 볼 수 있는 열영상 잠망경도 구비하고 있습니다.

차륜형 장갑차의 가장 큰 장점은 바로 개조를 통해 여러 용도로 사용할 수 있는 '범용성'입니다. 현재 우리 군은 K806·K808을 개조해 차륜형 대공포, 차륜형 지휘소 차량 등 다양한 무기체계를 만들고 있어요. 그야말로 전장을 누비는 만능 재주꾼이라고 할 수 있죠.

구분		K806	K808
크기	길이	6.6m	7.2m
	너비	2.1m	2.1m
	높이	2.7m	2.7m
엔진		400마력	420마력
무게		16톤	17.5톤
탑승 인원		11명(조종 2명)	12명(조종 2명)
최대 속도	지상	100km	
	수상	80km	
무장		K4 고속유탄기관총, K6 중기관총	

| K806·808 제원

움직이는 지휘소
- K877 차륜형 지휘소 차량

 K806·K808 차륜형 장갑차는 다른 용도로도 사용하고 있다고 했죠? 그 대표적인 사례가 K877 차륜형 지휘소 차량입니다.

K808을 개량한 K877은 우리 육군의 미래 전장을 이끌 매우 중요한 장비로 평가받고 있어요.

옛날부터 지금까지 모든 전투는 지휘관이 머물며 작전을 이끄는 지휘소가 존재했습니다. 전투가 벌어지기 전 후방에 천막을 설치하고, 그 안에서 장군 같은 지휘관들이 모여 작전을 논의하는 장면은 쉽게 떠올릴 수 있겠죠?

그런데 문제는 이런 지휘소는 전투가 벌어질 때마다 매번 설치를 해야 한다는 데 있습니다. 우선 지휘소를 설치해야 하는 누군가의 수고가 들어가겠죠. 그리고 한곳에 머물며 전투를 지휘하다 보니 전방의 상황을 늦게 파악할 수밖에 없어요. 지휘관의 판단과 적절한 명령 하달이 어려울 수밖에 없는 것이죠. 더구나 지휘소를 집중적으로 노리는 적의 공격도 골칫거리입니다.

K877은 이런 문제점을 한 번에 해결할 수 있는 장비입니다. 세계적인 정보통신(IT) 강국인 대한민국의 특성을 살려 장갑차로 이동하면서 네트워크로 전장을 지휘할 수 있도록 한 것이죠.

K808의 튼튼한 방호력에 대해서는 이미 언급했습니다. K877은 적의 공격을 막아낼 수 있는 장갑판은 물론 가스 등 화생방 공격으로부터 내부를 보호할 수 있는 양압 장치를 갖추고 있습니다. 코로나19 병실로 유명해진 양압 장치는 기압을 주변보다 높여 오염된 외부 공기 유입을 막아주는 기능을 하고 있어요. 튼튼한 전술 타이어는 지휘관이 전투 현장에 보다 가까이 다가가 상황을 파악할 수 있도록 돕습니다.

무엇보다 중요한 것은 내부에 들어간 첨단 네트워크 장비들입니다. K877 내부에는 스크린과 노트북이 연결돼 있어요. 이를 통해 무인 정찰 차량과 소형 무인 항공기(UAV)가 전송한 영상, 작전 지역 병력 현황 등을 확인할 수 있어요. 또 육군이 운영하는 최신 지휘통제체계도 탑재돼 상급 부대와 전투 현장을 하나로 이어주는 역할도 합니다.

마지막 특징은 현재 우리 육군이 추진하고 있는 미래형 전투체계 '아미 타이거(Army TIGER) 4.0'과 연계됩니다. 아미 타이거 4.0은 첨단 무기체계를 통합해 모든 전투원의 생존성을 보장하고, 전투력을 최대로 끌어올리기 위한 프로젝트인데요. K877은 이 아미 타이거 무기체계의 핵심 요소입니다. 드론 등 무인체계를 활용하는 '드론봇 전투체계', 병사 한 명 한 명에게 첨단 무기체계를 지원하는 '워리어플랫폼'은 K877을 통해 하나로 연결되죠. 예를 들면 정찰 드론이 관측한 영상을 K877에 실시간으로 제공하면 K877은 이를 다른 전차·장갑차에 실시간 제공하죠. 또 워리어플랫폼을 착용한 병사들도 일체형 헬멧과 영상 장치 등으로 함께 확인할 수 있습니다. 즉 K877은 기동·감시·타격 등 다양한 임무를 수행하는 장병들을 연결해 전장을 실시간으로 조율하는 것이 가능하다는 이야기입니다.

구분		K877
크기	길이	7.2m
	너비	2.1m
	높이	2.7m
엔진		420마력
무게		17.5톤
탑승 인원		12명(조종 2명)
최대 속도	지상	100km
	수상	8km
구비 장비		육군 전술 지휘정보체계(ATCIS)-Ⅱ 네트워크전 장비(노트북 등) 양압 장치

| K877 제원

파도를 뚫고 달려라
- 한국형 상륙돌격장갑차 KAAV

혹시 '귀신 잡는 해병대'라는 말을 들어보신 적 있나요? 무시무시한 이 호칭의 정확한 유래는 알려지지 않았습니다. 하지만 이

명칭 덕분에 해병대는 우리 국민에게 강함, 용맹함의 상징으로 자리 잡았죠. 이런 해병대만이 가진 무기체계가 있는데요, 바로 한국형 상륙돌격장갑차, KAAV(Korea Assault Amphibious Vehicle)입니다.

KAAV는 앞서 소개한 K21 같은 다른 장갑차와는 다른 아주 중요한 특징을 가지고 있습니다. 바로 바닷속에서 달릴 수 있다는 점인데요. 물론 일반 장갑차 역시 강 정도는 너끈히 건널 수 있지만 완전히 잠수한 채로 물속에 오래 있기는 힘듭니다. 하지만 KAAV는 먼바다 위 수송함에서 내려 잠수한 채로 해변까지 달려갈 수 있는 능력을 갖췄죠. 이를 위해 거친 파도를 이겨낼 수 있는 설계와 바닷물 속 염분(소금)에 녹이 슬지 않도록 하는 특수한 페인트를 발랐습니다.

KAAV는 유일하게 해병대만 보유·운용하고 있습니다. 도대체 왜 해병대만 KAAV를 가지고 있는 걸까요? 이는 해병대 고유의 임무인 '상륙돌격' 때문입니다.

전쟁이 나면 해병대는 바다를 통해 적진에 도착해 목표 지점을 점령하게 됩니다. 즉 바다에서 육지로 향하게 되는 상륙을 해야만 한다는 이야기입니다. 여러분도 잘 아시는 인천상륙작전이나 제2차 세계대전의 판도를 바꾼 노르망디 상륙작전처럼 순식간에 적의 핵심 지역을 공격하는 상륙작전은 성공만 한다면 아주 큰 성과를 거둘 수 있죠. 그래서 상륙작전의 역사도 아주 오래됐습니다.

과거에는 어떻게 상륙작전을 했을까요? 배에서 뛰어내려 헤엄을 치거나, 작은 배로 갈아타기도 했고 철로 만든 박스 모양 배를

타고 해변에 도착한 뒤 문을 열고 돌격하는 등 여러 방식이 있었습니다. 하지만 상륙 과정에서는 사실상 무방비 상태이기 때문에 해변에 도착하기도 전에 많은 이들이 목숨을 잃는 것이 다반사였죠. 상륙돌격장갑차(AAV)는 이런 병력 손실을 최소화하기 위해 만들어진 무기체계입니다. 실제로 생존성이 크게 향상된 것도 사실입니다.

아까 상륙돌격장갑차와 일반 장갑차의 차이에 대해 잠시 언급했는데 KAAV의 보다 자세한 성능을 살펴보겠습니다. KAAV는 1대가 100명이 넘는 한 개 보병 중대를 너끈히 상대할 수 있을 정도의 전투력을 갖추고 있습니다. 말씀드린 것처럼 3m에 달하는 높은 파도와 모래사장 등 거친 지형에서도 빠르게 달릴 수 있는 이동 능력도 있죠. 특히 배와 비슷한 독특한 디자인과 강력한 추진 장치, 엔진 등은 KAAV의 기동성을 획기적으로 향상시켰죠. 이로써 KAAV는 지상에서 최고 72.4km/h, 해상에서는 13.2km/h로 달릴 수 있습니다. 차량을 운용하는 승무원 3명에 최대 21명까지 탑승할 수 있어요.

KAAV의 포탑에는 12.7mm K6 중기관총, 40mm K4 고속유탄기관총이 장착돼 있습니다. 이 정도만으로도 적 보병들에게는 '재앙'이나 다름없죠. 또 알루미늄 차체는 적의 사격과 포탄 파편 등으로부터 탑승자들을 보호해 줍니다. 여기에 혹시 모를 피해를 막기 위해 EAAK라고 불리는 추가 장갑도 부착했어요. 또 내부에는 자동 화재진압 장치와 유독 가스 등 화생방 방어 시스템도 설치했습니다.

KAAV는 비단 전장에서만 활약하는 것이 아닙니다. 지난 2022년 여름 태풍 '힌남노'로 포항 시내가 물바다가 된 적이 있는데요. 이때 포항에 주둔하던 해병대 1사단은 KAAV를 이용해 물속에 갇힌 시민들을 구조해 큰 박수를 받았습니다. 사람을 구하는 무기, 국민을 위한 무기라는 새로운 모습을 선보인 것이죠.

　오늘은 해병대의 정체성을 한껏 담고 있는 국산 상륙장갑차 KAAV에 대해 알아봤습니다. 용맹한 해병대에게 날개를 달아준 KAAV는 현재 새로운 버전의 KAAV-Ⅱ로 다시 태어날 예정이라고 하네요.

전투 중량	23톤
길이	8.16m
너비	3.27m
높이	3.68m
최고 속도	72.4km/h(지상), 13.2km/h(해상)
항속거리	480km(지상), 7시간(해상)
엔진출력	400마력
탑승 인원(승무원/최대)	3명/24명
무장	12.7mm K6 기관총, 40mm K4 고속유탄기관총

| KAAV 제원

하늘을 나는 호랑이
- 비호복합 대공무기체계

'합체 로봇'을 좋아하시나요? 제가 어린이였던 30여 년 전에도 주옥같은 합체 로봇들이 있었답니다. 아무래도 우리에겐 합체에 대한 '낭만'이 있지 않나 생각합니다.

만화 속에 등장하는 수많은 합체 로봇처럼 무기체계 역시 합체가 가능하지 않을까요? 이런 상상은 늘 존재해 왔고, 이제 어느 정도는 구현되고 있답니다. 지금부터 소개해 드릴 무기체계인 비호복합이 그 대표적인 예가 되겠네요.

비호복합은 30㎜ 기관포로 무장한 K-30 자주대공포 '비호'와 휴대용 지대공 미사일 '신궁'을 합체해 놓은 무기체계입니다. 그렇다면 비호복합은 왜 만들어졌을까요? 단순히 낭만 때문은 아니겠죠? 비호복합은 비호가 가진 한계를 극복하기 위한 노력의 산물입니다.

비호복합은 하늘의 적을 제압하는 '대공(對空)' 무기체계입니다. 앞선 모델인 비호는 낮은 고도에서 날아오는 적 항공기를 격추할 수 있는 30㎜ 기관포 2문을 갖추고 있죠. 이 기관포는 최대 3㎞ 높이에 있는 적을 상대할 수 있답니다. 각 기관포는 1분에 무려 600발을 발사할 수 있어요. 즉 1분 동안 3㎞ 안 하늘을 1,200발의 총탄으로 가득 덮을 수 있다는 이야기입니다. 하지만 이보다 조금 더 높은 곳에서 날아오는 적은 맞추기 힘든 것도 사실이에요. 비호복합이 개발되기 전에는 비호 주변에 '미스트랄'이라고 불리는 미사일 발사팀을 따로 배치해야 했어요.

그래서 지대공 미사일 신궁을 장착하자는 아이디어가 나왔습니다. 신궁은 30㎜ 기관포보다 2배 긴 6㎞ 밖의 적까지 요격할 수 있거든요. 멀리 발사할 수 있는 대신 1발을 발사하는 데 45초 정도 걸리기는 하죠. 일반적으로 높이 3㎞ 이상에서는 미사일 같은 유도무기가, 2㎞ 안에서는 기관포 같은 대공포가 훨씬 명중률이 높은 것으로 평가됩니다. 그래서 비호복합을 운용하는 부대는 적기가 나타나면 사거리 6㎞ 안에서는 신궁으로 교전한 뒤 이를 피해 들어오는 적기는 대공포로 상대하고 있습니다. 비호복합은 사거리가 짧은 기관포의 단점을 미사일로 보완하는 동시에 하나의 차체에 이 두 가지 무기를 탑재해 기동성과 실용성을 높인 것이죠.

 강한 화력만큼 멀리서 끝까지 적을 볼 수 있는 '눈'도 중요해요. 그래서 비호복합에는 레이더와 방공자동화체계(C2A), 전자광학장비(EOTS 추적기) 등 최신 탐지·추적 장치가 실려 있답니다. 최대 21㎞까지 볼 수 있는 레이더가 적 항공기를 탐지하면 이 정보는 EOTS 추적기로 옮겨지고, 표적이 신궁의 사거리에 가까운 7㎞까지 다가오면 EOTS 추적기는 자동으로 추적을 시작해요. 그리고 6㎞ 앞까지 오면 신궁을 발사하게 되죠. 만약 적 항공기가 이를 피해 3㎞ 안까지 다가오면 또 다른 장비인 사통 장치가 기관포를 자동으로 조준합니다. 기관포는 컴퓨터가 계산하는 최적의 위치로 계속 움직이죠. 즉 쏘는 사람, 사수는 사격 버튼만 누르면 됩니다. 거의 모든 과정이 컴퓨터로 처리되는 셈이죠. 더구나 비호복합은 최대 65㎞/h 속도로 달릴 수 있어서 K2 전차 같은 다른 지상 무기체계와 함께 다니며 곳곳에서 활약할 수 있어요. 달리면서 싸우는 기동전이 중요한 육군에 특화된 무기체계가 바로 비호복합입니다.

한동안 비호복합은 "굳이 필요해?"라는 이야기를 듣기도 했어요. 앞서 소개한 KF-16 전투기처럼 초음속 전투기가 대세가 되면서 낮은 고도에서 날아오는 항공기가 서서히 사라졌기 때문이죠. 높은 하늘에서 빠르게 날아오는 전투기를 상대하기 위한 각종 무기체계 개발에 열을 올렸던 시절도 있었답니다.

하지만 최근 비호복합은 다시 각광받고 있습니다. 바로 새로운 '게임 체인저(전투에서 승리의 향방을 결정짓는 중요한 무기)'로 불리는 무인 항공기 '드론' 때문이죠. 드론은 전투기와 달리 속도도 느리고 높이 날지 못하는 특징이 있습니다. 이 드론들을 상대하기에는 비호복합이 제격이죠. 본격적인 '안티드론(Anti-Drone)' 무기까지는 아니지만 아주 효율적으로 드론을 잡을 수 있다는 점에서 주목받고 있습니다.

사실 비호복합 같은 '합체 무기체계'는 개발이 만만치 않아요. 기관포 사격으로 생기는 격렬한 진동 속에서 미사일을 정확히 발사, 명중시키는 것은 아주 높은 수준의 기술이 필요하답니다. 반대로 미사일을 발사하면서 나오는 가스와 충격을 이겨내고 기관포도 발사해야 하죠. 기관포와 미사일의 서로 다른 사격체계가 오류를 일으키지 않아야 하는 숙제도 있어요. 이런 면에서 모든 어려움을 이겨내고 '합체'에 성공한 비호복합은 아주 뜻깊은 무기랍니다.

길이	6.77m	
너비	3.3m	
중량	25톤	
표적 탐지 거리	최대 21km	
장착 무기	30mm 기관포×2	
	휴대용 지대공 미사일 신궁×4	
유효 사거리	30mm 기관포	3km
	신궁	6km
발사 속도	30mm 기관포	600발/1분
	신궁	1발/45초
최고 속도	60km/h	

| 비호복합 제원

마하의 속도로 요격하라
- 중거리 지대공 미사일 천궁

 비호복합은 하늘에서 날아오는 적을 공격하는 대공무기였습니다. 그런데 이 비호복합에는 분명한 한계가 있는데요. 바로 유도 미사일 '신궁'이 적 항공기를 요격할 수 있는 가장 긴 거리가 6㎞ 정도라는 것이죠.

그렇다면 그보다 높은 곳에서 날아오는 적은 어떻게 공격할까요? 중거리 지대공 유도무기체계 '천궁'이 그 해답입니다.

천궁은 미국으로부터 수입해 온 호크 중거리 지대공 미사일 체계를 대체하기 위해 우리 국방과학연구소(ADD)가 개발한 무기체계입니다. ADD는 2006년 '강철 매'란 뜻의 '철매-Ⅱ'라는 사업명으로 개발에 착수, 5년 만에 개발에 성공했습니다. 이후 본격적인 생산에 들어가 군부대에 실전 배치 된 천궁은 현재 우리나라의 하늘을 지키는 임무를 수행하고 있죠.

천궁은 단순히 유도 미사일을 뜻하는 것이 아닙니다. 지난번에 설명드린 것처럼 단일 무기가 아닌 여러 부속 장비가 합쳐진 무기체계죠. 천궁을 비롯한 지대공 유도무기체계는 영어로 '지상에서 하늘로 쏘는 미사일'이란 뜻의 'Surface to Air Missile'의 약자인 SAM이라고도 하는데요. 이 SAM은 크게 미사일을 싣고 이동해 발사하는 발사 차량과 다기능 레이더 등으로 구성된 발사 통제 장비와 유도 미사일로 구성됩니다. 각 발사 차량에는 총 8개의 유도 미사일이 탑재되죠. 유도 미사일 한 발은 최대 40㎞ 떨어진 거리, 15㎞ 공중에 있는 비행물체를 요격할 수 있는데요. 이때 낼 수 있는 최대 속도는 마하(음속) 5에 달한답니다.

천궁 미사일의 길이는 4.61m, 무게는 400kg로 상당히 거대해요. 이렇게 큰 미사일이 어떻게 높은 하늘을 빠르게 나는 적 전투기를 요격할 수 있을까요? 이 부분이 천궁을 비롯한 지대공 미사일의 재미난 점인데요.

먼저 발사 방식부터 살펴볼게요. 천궁은 콜드 런칭(Cold Launching)이란 방식으로 발사되는데요. 흔히 미사일을 발사한다면 "5, 4, 3, 2, 1! 발사!" 하고 발사체에서 엄청난 화염을 내뿜으며 하늘로 치솟을 것이라 생각하기 쉽습니다. 그렇게 보면 이 콜드 런칭은 상당히 힘이 빠지는데요. 콜드 런칭은 발사대 안에 마련된 모터와 압축공기로 미사일을 '퐁' 하고 쏘아 올린 뒤 10m 이상 수직으로 올라가면 공중에서 추진기관을 점화해 목표물까지 비행하는 방법입니다. 콜드 런칭은 발사체의 손상을 줄일 수 있으며, 후폭풍이 적어 발사 원점의 은폐에 유리하죠. 특히 측추력기라는 방향 제어기를 활용해 360도 모든 방향으로 발사할 수 있어 위치의 제약을 받지 않습니다.

적 전투기 등을 요격하는 방식도 우리의 예상을 깨는데요. 유도미사일이라고 하니 하늘 위 전투기를 직접 '빵!'하고 들이받을 것 같지만, 실상은 그렇지 않습니다. 발사된 미사일이 레이더로 포착한 적 항공기 근처까지 가면 자동으로 폭파되는 방식인데요. 이게 뭐지 싶을 수 있지만 다 이유가 있습니다. 사실 마하 속도로 날아가는 전투기를 직접 때리기란 쉽지 않죠. 대신 거대한 미사일이 폭파하면서 생기는 철 파편은 전투기에 영향을 줄 확률이 높습니다. 전투기는 아주 예민한 무기체계라 조금만 상처를 입어도 치명적이거든요. 그래서 파편을 활용한 요격을 하는 것이죠. 그런데 천궁은 360도 방향으로 균일하게 파편이 분산되는 일반적인 유도 미사일과 다르게 파편을 표적 방향으로 집중시켜 폭발의 효과를 키울 수 있도록 개발됐습니다.

천궁에 사용되는 다기능 레이더는 표적의 탐지와 추적, 적과 아군의 식별, 유도탄과의 통신 등 여러 기능을 수행하는 3차원 위상배열 레이더입니다. 앞서 우리 군이 사용하던 호크 미사일 체계는 여러 레이더를 사용했지만, 천궁은 이 다기능 레이더 하나로 모든 작전을 할 수 있어 작전 배치나 운용 면에서 기동성과 편의성이 크게 높아졌어요. 또 모든 메뉴를 한글화하고, 한국인 체형에 맞게 설계된 것도 장점이죠.

천궁은 사거리, 고도, 동시 교전 능력 등 SAM이 갖춰야 할 주요 성능은 물론 전자전 대응, 정비성, 기동성에서 높은 평가를 받고 있습니다. 2020년부터는 엄청난 속도로 떨어지는 탄도탄(미사일)을 요격할 수 있는 능력을 지닌 '천궁-Ⅱ'도 공군에 인도되기 시작했어요. 특히 천궁-Ⅱ는 미사일이 목표물을 때리는 직접충돌(hit-to-kill) 방식이 적용됐어요. 그만큼 고도화된 성능을 갖춘 셈이죠. 북한의 미사일과 항공기 위협이 커지고 있는 지금, 첨단 기술을 집약시킨 유도 미사일은 발전에 발전을 거듭하고 있답니다.

미사일 길이	4.61m
미사일 중량	약 400kg
미사일 직경	27.5cm
최대 비행 속도	마하 5
최대 사거리	40km
최대 고도	15km
탄두	고폭탄파편탄두
발사대	수직사출 전용 발사 차량
발사 방식	콜드 런칭
연료	고체 연료

l 중거리 지대공 유도무기체계 천궁 제원

더 가볍고 더 강력하게
- KM187 박격포

KM187 81㎜ 박격포는 전차나 자주포 같은 대형 무기체계는 아니지만 소규모 부대가 가지고 있는 가장 강력한 무기라고 할

수 있어요. KM187 박격포는 우리 육군에서 지휘관이 있는 가장 작은 단위 부대인 중대급에서 사용하고 있죠. '중대'라는 단위는 육·해·공군, 혹은 부대 특성에 따라 차이가 있지만 가장 기본적인 보병을 기준으로 하면 100여 명 정도의 병력을 갖추고 있답니다. 이 중대에서 적을 가장 멀리서 강하게 공격할 수 있는 무기가 바로 KM187 박격포예요.

  박격포는 기원을 1400년대 중반으로 거슬러 올라가는 아주 유서 깊은 무기랍니다. 45도 이상의 높은 각도로 포탄을 발사해 성벽을 넘어 공격할 수 있도록 하는 원리로 만들어졌죠. 그 뒤 개량을 거듭해 1900년대 초반 만들어진 현대식 박격포도 아주 간단한 방식으로 작동하도록 설계됐어요. 무거운 포탄을 원통 모양의 포열 안으로 떨어뜨리면 원통 안에 있는 못처럼 날카로운 공이와 포탄 아랫부분이 부딪치게 되고, 그 충격으로 포탄 속 화약에 불이 붙어서 다시 포열 밖으로 튀어 나간답니다. 즉 병사들은 미리 계산한 각도로 떨어뜨리기만 하면 멀리 포탄을 발사할 수 있어요. 아주 간단한 발사 방법이지만 높은 각도에서 거의 수직으로 떨어지는 포탄이 폭발하면 아주 넓은 범위로 포탄 조각(파편)을 날려 보내기 때문에 많은 적에게 피해를 입힐 수 있죠. 전차 같은 무기체계와는 상대도 안 될 만큼 가벼워 분해해서 병사들이 나눠 들고 움직일 수도 있기 때문에 소규모 보병 부대가 가진 가장 강한 무기라고 평가받는 게 박격포입니다. 박격포는 그동안 소개해 드린 첨단 무기체계에 비해 상당히 원시적이지만 '가성비'가 너무 좋다는 장점이 있어요. 보병 입장에서는 가장 싸고, 가볍고, 간편하면서도 빠르게 화력을 퍼부을 수 있는 무기입니다. 그래서 6·25전쟁 당시에도 우리 국군은 물론 유엔군, 북한군, 중공군 할 것 없이 모두가 애용했고, 지금도 세계 여러 나라에서 널리 사용되는 무기가 바로 박격포예요.

그럼 우리나라가 직접 개발했고, 많은 육군 부대가 사용하고 있는 KM187 박격포에 대해 알아볼까요? KM187이 개발되기 전 우리 육군은 6·25전쟁 때 미군이 사용했던 M1 81㎜ 박격포를 사용했답니다. 1970년대 베트남전쟁 때는 다시 미군으로부터 받은 M29A1을 사용했고, 이후 제작 기술을 배워 KM29A1이란 이름의 국산 박격포를 썼어요. 하지만 세월이 흐르면서 더 강한 위력을 지닌 신형 박격포가 필요했고 그래서 개발해 1996년부터 육군에 보급된 것이 KM187이랍니다.

KM187은 앞서 사용했던 KM29A1보다 500g 정도 가벼워졌어요. 또 최대 사거리를 약 4,700m에서 6,325m로 1.4배 늘렸고, 연속으로 쉬지 않고 발사할 수 있는 지속 발사 속도도 25% 빠르게 했답니다. 특히 국내 기업이 개발한 포탄을 활용해 피해 반경을 50m에서 70m로, 살상 반경도 30m에서 40m로 1.36배나 늘리는 등 전체적인 성능을 높였어요. 또 각 부품의 연결부위도 직관적으로 만들어 쉽게 조립, 관리할 수 있도록 했답니다. 이제는 디지털 장비로 쉽게 표적 계산이 가능해졌고, 조만간 유도 기능을 갖춘 포탄도 나올 것이란 전망도 있으니 나름 첨단 무기로 변신할 수 있을 것 같아요.

가볍다고는 했지만 KM187의 무게는 초등학교 고학년 어린이의 몸무게 정도인 42kg나 돼요. 쇠로 만들어진 이 무거운 무기를 들고 다니는 것은 사실 굉장히 힘든 일이랍니다. 그럼에도 박격포는 우리 부대, 내 전우의 목숨을 구하고 전투에서 승리하는 데 중요한 역할을 하는 무기예요. 오랜 시간 박격포가 사랑받는 것은 이런 이유에서랍니다.

길이	155cm
무게	42kg
포탄 구경	81㎜
고각	40~85도
발사 속도	1분 최대 30발
최대 사거리	6,325m

| K187 81㎜ 박격포 제원

하늘에서 떨어지는 천둥
- 120㎜ 자주 박격포 비격

KM187 박격포는 소규모 부대의 가장 강력한 화력이었습니다. 전차나 다른 무기체계에 비해 가볍다고도 했는데요. 그렇다고 하

더라도 42㎏에 달하는 장비를 사람이 들고 다닌다는 것은 엄청나게 고된 일인데요. 그래서 육군 병사들 사이에서는 박격포병은 '무덤'이라고 불리기도 한답니다.

하지만 박격포의 효율성은 여전하기 때문에 계속 운용되고 있죠. 그렇다면 박격포를 차량에 싣고 다니면 어떨까요? 훨씬 빠르고 편하지 않을까요? 그래서 발명된 무기체계가 바로 자주 박격포입니다. 여기서 자주는 '자력 주행', 즉 스스로 움직일 수 있다는 뜻입니다.

우리 군은 그동안 K200 장갑차에 4.2인치 박격포를 탑재한 K242 자주 박격포를 운용해 왔습니다. K242는 적 보병의 저항을 빠르게 제압하는 박격포의 기본 원리에 충실한 무기체계였는데 문제는 탑재된 4.2인치 박격포였습니다. 4.2인치 박격포는 40년 넘게 사용된 옛날 무기입니다. 미국을 비롯한 선진국들은 이 4.2인치 박격포 대신 자동 장전이 가능한 120㎜ 구경 박격포를 차량에 탑재했어요. 이제 우리 군도 변화가 필요한 시점이었죠.

그래서 새로 개발된 것이 120㎜ 자주 박격포 '비격'입니다. 비격은 K200A1 장갑차에 탑재돼 더욱 빠른 기동력과 훨씬 강력한 화력을 선보이는데요. 이로써 전장에서 K2 흑표 전차와 K21 보병 전투 장갑차 등 업그레이드된 기계화 무기체계와 호흡을 맞출 수 있게 됐죠.

비격은 K200A1의 차체를 응용해 만들었기 때문에 K242와 겉보기엔 큰 차이가 없어 보입니다. 하지만 박격포 자체의 성능은 차원이 달라요. 먼저 최대 12㎞ 떨어진 적을 타격할 수 있는 긴 사거리는 K242의 2.3배에 달합니다. 겉면이 얇은 대신 폭약이 많이 들어갔기 때문에 포탄이 폭발하는 반경도 커져 살상 반경도 KM242의 2배에 육박합니다. 이는 K9 자주포의 155㎜ 포탄의 위력에 비견될 정도죠. 포신 안에 회오리 모양의 강선을 파놓아 명중률도 높였습니다.

가장 큰 특징은 로봇팔을 이용한 자동 장전 장치입니다. 박격포는 원래 사람이 손으로 포탄을 밀어 넣어 발사하는 무기였지만 발전된 기술을 활용, 로봇의 힘을 빌리게 됐죠. 덕분에 장병들의 피로도가 확 줄어들었습니다. 로봇팔을 이용한 비격의 최대 발사 속도는 분당 8발입니다. 물론 자동 장전 장치가 고장나더라도 기존 박격포처럼 사람이 발사할 수 있기 때문에 계속 전투를 할 수 있습니다. 이 밖에 사격 통제 장치도 완전 자동화 돼 사격에 필요한 데이터만 입력하면 자동으로 조준할 수 있어요. 또 박격포가 360도 회전하기 때문에 어떤 곳이든 바로 사격이 가능하죠.

비격은 2022년 6월 육군 부대에 시범 배치된 따끈따끈한 신제품입니다. '비격(飛擊)'이란 이름은 '하늘에서 떨어지는 천둥'이란 뜻입니다. 육군은 임진왜란 당시 왜군을 공포에 질리게 한 신무기 '비격진천뢰'에서 이름을 따왔어요. 특히 현재 4차 산업혁명 기술을 활용해 첨단 과학 기술군으로 거듭나겠다는 목표로 육군이 가장 공들여 추진하고 있는 '아미 타이거(Army TIGER)' 프로젝트에 포함되면서 비격의 위상은 더 높아졌죠. 빠르고 강하게 적을 섬멸하는 비격의 진격은 이제 막 시작됐습니다.

승무원	4명
최대 사거리	12km
최대 발사 속도	1분당 8발
최고 속도	70km/h
무장	KM-120 120mm 박격포
	K6 중기관총

| 120㎜ 자주 박격포 비격 제원

전쟁 영웅의 창의성을 이어받아
- K105A1 차륜형 자주포 풍익

창의적인 생각은 그 누구보다 어린이 여러분이 갖췄으면 하는 덕목인데요. 모든 것이 열악한 전쟁터에서 창의력을 발휘해 큰 성

과를 거둔 사례도 우리 전쟁사에 있답니다. 105㎜ 차륜형 자주포의 애칭인 '풍익'의 실제 인물 고(故) 김풍익 중령이 그 대표적인 사례입니다.

6·25전쟁 발발 다음 날인 1950년 6월 26일 육군포병학교 제2교도대대장으로 복무하던 김풍익 소령(당시 계급)은 북한군이 남하하자 이를 저지하던 2사단을 지원하기 위해 의정부로 향했습니다. 북한군은 소련제 T-34 전차를 앞세워 거침없이 진격하고 있었던 반면 우리 국군이 가진 것은 105㎜ 곡사포뿐이었어요. 이걸로는 도저히 전차를 막을 수 없었죠.

이때 김 소령은 발상의 전환을 합니다. 포물선을 그리며 포탄을 발사하는 곡사포를 직선으로 발사해 위력을 크게 끌어올리자는 것이었죠. 그의 작전은 성공했습니다. 김 소령과 포병들이 발사한 곡사포는 전차를 파괴했죠. 하지만 그 역시 뒤따라온 전차로부터 집중포화를 받아 결국 장렬히 전사했습니다. 군은 그의 공을 인정해 중령으로 추서(사망한 뒤 계급을 올리거나 훈장을 주는 것)했죠.

이런 김풍익 중령의 이름으로 불리는 무기가 바로 105㎜ 차륜형 자주포 K105A1입니다. K105A1은 김풍익 중령이 사용한 105㎜ 곡사포를 현대적으로 재해석한 무기체계예요. 105㎜ 곡사포는 6·25전쟁부터 지금까지 사용된 '스테디셀러'입니다. 크기가 작고 무게가 적기 때문에 빠르게 이동할 수 있죠. 방열(사격 준비)도 쉽고 빠르기 때문에 오랜 시간 사랑받을 수 있었어요.

하지만 시간이 지날수록 K9 자주포 같은 더 높은 성능을 갖춘 포병 무기체계가 등장해 105㎜ 곡사포는 '애물단지' 취급을 받게 됩니다. 하지만 우리 군은 오래전부터 105㎜ 포탄을 수백만 발 보유하고 있었기 때문에 이 물량을 소화할 필요성은 있었죠. 그래서 점차 도태되는 105㎜ 곡사포를 차량에 실어 기동력을 더욱 강화한 차륜형 자주포를 만들자는 아이디어가 나왔어요. K105A1은 이렇게 탄생했습니다.

K105A1은 KM500이란 이름의 군용 6톤 트럭에 105㎜ 견인곡사포의 화포 부분을 탑재한 것이 기본 구조예요. 여기에 자동 사격 통제 장치와 복합 항법 장치를 더해 사격 속도와 정밀성을 끌어올렸죠. 또 구동 조종기란 장비를 도입해 포구가 표적을 향하는 속도가 105㎜ 견인곡사포보다 최대 3배 빨라졌죠. 이로써 표적 정보만 입력하면 1분 안에 사격할 수 있고, 1분에 최대 10발을 발사할 수 있는 등 기동성과 효율이 획기적으로 강화됐어요.

K105A1의 가장 큰 미덕은 실시간으로 표적 정보를 얻은 뒤 사격하고 곧바로 차량을 이용, 빠르게 이동해 다시 사격을 반복하는 '슛 앤 스쿠프(Shoot&Scoop)' 전술이 가능하다는 점이에요. 도로가 잘 발달된 후방 지역에서는 상황이 발생하면 빠르게 도착해 대응할 수 있어 매우 요긴한 무기체계랍니다.

육군은 지난 2022년 6월 첨단 과학으로 혁신한 미래 지상군 모델 '아미 타이거(Army TIGER)'에 대해 소개하면서 K105A1을 주요 무기로 꼽았어요. 그러면서 '풍익'이란 이름을 지어줬죠. 오래된 무기도 창의적인 생각을 더한다면 최신 무기와 어깨를 나란히 할 수 있다는 것을 K105A1는 여실히 보여주고 있답니다.

전투 중량	18톤
발사 속도	10발/분
최대 사거리	11.3km
방열	자동 · 반자동 · 수동
운용 인원	5명(운전병 포함)
무장	105mm 곡사포

Ⅰ K105A1 풍익 제원

다리가 없으면 만들면 되지!
- K1 교량전차와 리본부교(RBS)

한반도의 지형적 특징은 무엇일까요? 바로 산과 강이 많다는 점을 꼽을 수 있어요. 전투에서 지형은 굉장히 중요한데, 이에 따라 우리 군은 이 산과 강을 극복하기 위한 다양한 노력을 하고 있어요.

무엇보다 신경 써야 하는 것은 지상전의 강자인 전차·장갑차 등으로 무장한 기계화 부대가 어떤 지형이든 극복해야 한다는 점이에요. 특히 일정 수심 이상의 강은 건널 수 없는 기계화 부대가 빠르게 강을 건널 수 있도록 하는 것은 전략적으로 매우 중요한 문제랍니다. 육군 공병 부대가 임시로 다리를 만드는 데 사용하는 K1 교량전차와 리본부교(RBS)는 이런 숙제를 해결해 주는 육군의 필수 장비예요.

K1 교량전차는 이름에서 알 수 있듯 K1 전차를 기본 베이스로 한 개량전차입니다. K1 교량전차는 K1 전차의 차체에 미국의 교량전차(AVLB, Armoured Vehicle Launched Bridge) 시스템을 부착한 장비예요. 즉 전차가 포탑 대신 다리 조립체 하나를 들고 다닌다고 생각하면 이해가 쉽습니다.

K1 교량전차는 전차가 통과할 수 없는 소하천, 폭파구(구덩이), 등 장애물 위에 가지고 있던 다리를 쭉 펴 임시로 다리를 만들어 줍니다. 가운데가 접힌 가위 모양의 이 교량을 쭉 펴면 폭 4m, 길이 20.5m의 다리가 순식간에 만들어지는 것이죠. 보통 3~5분이면 교량 하나가 뚝딱 만들어진답니다. 이 다리는 60톤 무게까지 견딜 수 있어요. 대표적인 기계화 장비인 K2 흑표 전차가 55톤, K9 자주포가 47톤이니 충분히 건널 수 있죠. 평균 8,000번의

통행이 가능하니 내구성도 합격이죠. 다시 접어서 회수하는 데도 10분이면 충분하답니다.

 재미있는 것은 교량의 형태인데요. 세계 각국이 운용하는 교량은 일자형, 가위형, 조립형, 다단 접이형 중 하나입니다. K1 교량전차는 이 가운데 영국 방산기업이 만든 가위형 교량을 선택했어요. 가위형은 한 번에 설치할 수 있지만 평소에 싣고 다니기 어려운 일자형과 소지는 쉽지만 설치에 시간이 걸리는 다단 접이형의 절충안으로 많은 교량전차가 가위형 교량을 선택하고 있죠.

 두 번째로 소개해 드릴 것은 리본부교입니다. 리본부교는 뗏목과 같은 구조로 생각하면 됩니다. 즉 강을 건너는 데 쓰는 장비죠. 완전히 접힌 리본부교는 원통을 잘라놓은 모양인데요. 이를 물 위에 내려놓으면 '퉁'하는 소리와 함께 옆으로 쭉 펴지도록 구성됐어요. 수송차량 1대에 실을 수도 있고 공중에서 헬기로 떨어뜨릴 수도 있죠. 리본부교 1대에는 보통 1~2대의 기계화 장비가 올라탈 수 있는데, 이를 교량가설단정(BEB)이란 배가 끌고 가는 방식으로 빠르게 강을 건널 수 있죠.

리본부교의 또 다른 특징은 '조립이 가능하다'는 점이에요. 2~5개 정도로 조립해 여러 장비를 싣고 가는 것을 '문교', 완전히 하나의 다리로 만든 '부교'라고 불러요. 실제 훈련에서는 문교 단계에서 부교 단계로 전환하거나, 문교를 만들지 않고 바로 부교를 구축하기도 한답니다. 우리나라에서 운용하는 리본부교는 미군과 동일한 구조라 한미 연합작전을 할 때는 섞어서 쓸 수 있는 장점이 있어요.

기계화 부대의 성공적인 강습(적을 타격하는 것)은 현대전의 기본으로 꼽힙니다. 지형을 극복하고 빠르게 목표 지점으로 이동할 수 있도록 돕는 K1 교량전차와 리본부교는 그래서 소중한 장비죠. 하지만 두 장비에도 역시 숙제가 남아 있어요. 1995년 도입된 K1 교량전차는 물론 리본부교도 빠르게 진화하는 기계화 장비에 맞춰 발전할 필요성이 있기 때문이에요. 무엇보다 지금까지는 전차 등의 무게를 견딜 수 있지만 앞으로 더 많은 장비가 부착돼 더 무거운 전차가 나올 가능성도 대비해야 하거든요. 그래서 최근 우리 군은 KM3 한국형 자주도하장비를 개발해 야전 부대에 배치했어요.

전투 중량	53.7톤
교량 중량	12.8톤
차량	K1 전차
교량	가위형 MLC-66 교량
통과 하중	60톤
교량 내구도	8,000회 이상 통과
엔진 출력	1,200마력
최고 시속	65km
항속거리	500km
승무원	2명

| 교량전차 제원

구축 길이	213m
폭	8.1m
통과 하중	60~70톤

| 리본부교 제원

땅과 강을 자유롭게!
- KM3 한국형 자주도하장비

    K1 교량전차를 소개하면서 점점 발전되는 기계화 장비의 추세에 맞춰 보다 발전된 KM3 한국형 자주도하장비를 배치했다고 소

개했죠? 물에 사는 용, 수룡(水龍)이란 별명이 붙은 KM3에 대해 알아봅시다.

　KM3가 리본부교와 차원을 달리하는 가장 큰 특징은 바로 '수륙양용(물과 지상에서 모두 사용이 가능한 형태)'이라는 점입니다. 리본부교는 차량이나 헬기에 실려와 강물 위에 던져지면 뗏목 모양으로 펴지는 방식이었는데요. 하지만 KM3는 트럭 형태로 지상에서 이동하다가 강에 오면 윗부분(상부 구조)을 마치 날개처럼 넓게 펼쳐 전차 등이 건널 수 있도록 '변신'한답니다. 강 위에서 리본부교를 끌어줘야 하는 배가 따로 필요 없이 스스로 움직일 수 있다는 점까지 더하면 도하 시간을 획기적으로 줄일 수 있죠. 상부 구조가 펴지는 데 걸리는 시간은 불과 10초 남짓. 따라서 설치 시간이 거의 70% 가까이 단축됐다는 것이 군의 설명입니다. 물 위에서도 리본부교보다 2배 빠른 속도로 움직일 수 있죠. 운용 인원도 최대 80%까지 줄일 수 있다는데요. 실제로 시연 현장에서 지켜본 결과 운용 인원도 2명 정도면 충분했죠. 보다 적은 병력으로 빠르게 기계화 부대의 도하작전을 지원할 수 있게 된 것입니다.

　KM3를 제작하는 과정에서 가장 신경 쓴 부분은 바로 통과 중량이랍니다. KM3는 리본부교보다 약 10톤 정도는 더 무거운 장비도 실을 수 있어요. 이는 점점 크고 무거운 대신 빠르게 움직일 수 있는 성능을 가진 육군 기계화 장비의 특성에 맞춘 것이죠. 차량의 엔진도 보강해 육상에서도 달릴 수 있는 최대 시속도 70㎞까지 높였어요. 이 밖에도 승무원의 생존성을 높이기 위해 우수한 방호력과 화생방 방호 장치를 갖췄고, 얼음이 생기는 것을 막기 위한 히팅매트를 적용해 겨울에도 효율적으로 운용하도록 했어요. 또 냉난방 장치와 전·후방 카메라, 전방 열상 카메라를 설치해 보다 편하게 운용할 수 있도록 배려했답니다.

사실 KM3의 모체는 독일의 M3예요. 하지만 개발 과정에서 이렇게 더 우수한 성능으로 개량했죠. 무엇보다 국내 42개 방산기업과 협력해 선체 구조물, 수상 추진 장치(펌프젯) 등 1,382종의 부품을 국산화하면서 국산화율 90% 이상을 달성했어요. 장비에 문제가 생길 경우 빠르게 이를 진단하고, 교체할 부품을 확보할 수 있기 때문에 부품 국산화는 무기체계 개발 과정에서 굉장히 중요한 요소랍니다. 비슷한 무기체계를 만들 때 활용할 수 있다는 점도 장점이죠. KM3 개발을 주관한 방위사업청은 KM3의 핵심부품 기술을 앞으로 추진될 리본부교-Ⅱ 사업 등 다른 공병·수상 무기체계 개발에도 활용할 수 있을 것으로 내다보고 있어요.

원래 리본부교를 운용하는 공병은 육군에서도 손꼽히게 힘든 보직으로 유명했답니다. 특히 문·부교를 설치하는 도하작전은 공병의 임무 중에서도 가장 난도가 높은 것으로 손꼽혔죠. 하지만 KM3를 운용하는 이들에게선 그런 모습을 찾아볼 수 없었어요. 빠른 기동성과 효율성을 갖춘 KM3는 육군의 공격 속도와 작전 템포를 높일 것으로 예상된답니다.

땅과 강을 자유롭게 누빌 수 있는 수륙양용의 무기체계 KM3는 도하작전의 패러다임을 바꿀 것이란 기대를 한 몸에 받고 있어요.

육군이 KM3에 수룡이라는 애칭을 붙인 것도 이런 기대 때문이겠죠?

길이	13m	
너비	4m	
높이	3.6m	
무게	28톤	
승무원	2명	
탑재 하중	64톤	
기동 속도(시속)	육상	75km
	수상	10km
구축 소요 시간	문교(2대)	10분 이내
	부교(8대)	20분 이내

Ⅰ 한국형 자주도하장비 KM3 제원

2
대양해군의 꿈을 위해

: 군함 이야기

신의 방패
- 세종대왕급 이지스 구축함

눈을 넓은 바다로 돌려볼까요? 해군 군함에 대한 이야기를 해볼까 하는데요. 우리 해군은 현재 30명이 타는 고속정부터 1,000명이 넘는 사람이 탈 수 있는 대형 수송함까지 다양한 함정을 보유하고 있습니다. 대한민국 해군의 수많은 군함 가운데 가장 먼저 소개할 주인공은 수백 ㎞ 이상 떨어진 곳에서 적의 항공기나 미사일을 발견해 요격할 수 있는 우리 군의 첨단 함정인 세종대왕급 이지스 구축함입니다.

보통 구축함은 바다 위에서 벌어지는 전투에서 막강한 힘을 발휘하는 함정입니다. 하지만 이지스 구축함은 조금 더 중요한, 그리고 많은 역할을 맡고 있죠. 바로 적의 공격을 빠르게 탐지하고 이를 방어하는 임무인데요. 그래서 이름도 그리스 신화 속 제우스 신의 방패인 '이지스(Aegis)'입니다. 세종대왕급 이지스 구축함은 뛰어난 탐지·추적·방어 능력을 갖춘 세계 최강급 함정으로 평가받고 있어요.

세종대왕급 이지스 구축함의 핵심은 바로 '이지스 전투체계(Aegis Combat System)'입니다. 보통 덩치가 큰 함정은 많은 무기를 싣고 다니기 때문에 위력이 매우 강력하지만, 반대로 바다 위에 떠다니는 커다란 표적 신세가 될 수도 있습니다. 이런 문제를 해결하기 위해 개발된 것이 바로 이지스 전투체계인데요. 무려 1,000㎞ 밖에 있는 항공기, 미사일을 탐지할 수 있을 정도로 성능이 뛰어난 SPY-1D 다기능 위상배열 레이더를 통해 얻은 정보를 슈퍼컴퓨터로 계산해 중·장거리 대공 미사일 등으로 타격할 수 있도록 하는 것이 이지스 전투체계입니다. 이 밖에도 세종대왕급 이지스 구축함은 이지스 전투체계를 활용해 500㎞ 밖에 있는 1,000여 개의 공중 표적을 동시에 탐지·추적하고, 20여 개의 표적을 동시에 공격할 수 있는 성능을 갖추고 있습니다. 그야말로 '신의 방패'라는 이름이 딱 맞는 성능입니다.

세종대왕급 이지스 구축함이 세계적으로 높은 평가를 받는 이유는 또 있습니다. 바로 한 번에 다양한 방어 미사일을 발사할 수 있는 한국형 수직발사기(KVLS)가 그것인데요. 세종대왕급 이지스 구축함에는 한국형 수직발사기가 128셀(개)이 존재합니다. 막강한 화력으로 정평이 난 미국의 알레이버크급과 일본의 아타고급 이지스 구축함의 수직발사기가 96셀인 것과 비교하면 이해가 쉽겠죠. 세종대왕급 이지스 구축함은 수직발사기를 통해 SM2 함대공 미사일, 천룡 함대지 크루즈 미사일, 홍상어 장거리 어뢰 등을 발사합니다. 이 밖에도 해성 대함미사일, RIM-116 램(RAM) 적외선 유도 함대공 미사일, 근접 방어 시스템(CIWS)인 30㎜ 기관포 골키퍼 등 많은 무장을 갖추고 있죠. 헬리콥터도 2대나 싣고 다닐 수 있습니다. 세종대왕급 이지스 구축함은 이렇게 강한 화력을 기반으로 주변 바다에서 임무를 수행하는 다른 함정들은 물론, 지상으로 향하는 적의 미사일, 전투기 등을 상대합니다.

현재 해군은 세종대왕함, 율곡이이함, 서애류성룡함 등 3척의 이지스 구축함을 운용하고 있어요. 하지만 여기에 더 많은 이지스 구축함이 있다면 우리는 더 안전해질 수 있지 않을까요? 그래서 해군은 광개토-3 배치-2(광개토-Ⅲ Batch-Ⅱ)라는 사업을 통해 더 첨단 기술이 적용된 새로운 이지스 구축함을 3척 더 도입하기로 했습니다. 가장 먼저 모습을 드러낼 정조대왕함은 아마 올해 말 해군에 실전 배치될 것 같아요.

군함은 그 나라의 기술력과 국력을 명확히 보여주는 무기체계라고 합니다. 세종대왕급 이지스 구축함은 대한민국의 기술력과 국방력을 유감없이 발휘한 군함이라는 평가죠. 한국을 빛낸 역사적 인물의 이름을 딴 이지스 구축함들은 언제 어디서 일어날지 모르는 적의 도발에 맞서 오늘도 우리 바다를 누비며 묵묵히 임무를 수행 중이랍니다.

톤수	7,600톤
길이×너비	166m×21m
최대 속도	30노트/h(약 55.5km/h)
승조원	300여 명
무장 및 탑재 능력	이지스 전투체계
	SPY-1D 다기능 위상배열 레이더
	장·단거리 대공 유도 미사일
	대함 유도 미사일
	근접 방어 무기체계
	5인치 함포
	어뢰
	헬기 2대

| 세종대왕급 이지스 구축함 제원

'대양해군'의 시작
- 광개토대왕급 구축함

 현재 우리 해군이 보유한 가장 강한 함정은 무엇일까요? 현재 해군이 무인 수상함 개발에 나서는 등 앞으로 변화는 있겠지만 당

분간 그 자리는 '구축함'이 차지하고 있을 것이라 예상합니다. 지금부터 왜 구축함이 현재 최강의 함정인지 알아본 뒤 대한민국 최초의 구축함인 광개토대왕함급 구축함(DDH-Ⅰ)이 건조된 과정을 소개해 볼까 해요.

본격적인 이야기를 하기 전에 해군의 전투에 대해 설명해야 할 것 같은데요. 해군의 전투는 전차·장갑차로 적의 땅으로 진격해 이른바 '깃발을 꽂는' 육군의 전투와는 방식이 다릅니다. 가장 중요한 것은 제해권(制海權), 즉 바다를 자유롭게 이용할 수 있도록 장악하는 능력인데요. 바다를 장악한다는 것은 적의 원활한 보급을 막고, 필요에 따라서는 먼바다에서 육지를 마음대로 공격할 수 있는 힘을 가지게 된다는 이야기입니다. 예를 들어볼까요? 1991년 이라크에서 벌어진 걸프전에서 미국을 중심으로 한 다국적군은 걸프만 인근 해상을 완전히 봉쇄한 상태에서 함정에 탑재한 토마호크 함대지 순항미사일을 쏟아부었습니다. 공군 스텔스 전투기도 하늘에서 공대지 미사일 폭격을 계속했죠. 이렇게 주요 시설을 쑥대밭으로 만든 다음 육군 전력이 진입해 적을 소탕했습니다. '사막의 폭풍(Desert Storm)'이란 이름의 이 작전은 방송을 통해 생생히 공개되면서 세계인들에게 충격을 줬죠. 그리 멀지 않은 제1·2차 세계대전, 베트남전쟁 때와는 완전히 다른 전쟁 수행 방식 때문이었습니다. 연합군은 아군의 인명 피해를 최소화하는 동시에 적(이라크)을 거의 궤멸에 가까운 지경으로 몰아붙인 뒤 본격적인 지상전을 통해 완전히 승리했습니다. 전쟁이 끝난 뒤 집계해 보니 100만 명에 가까운 이라크군의 병력과 장비, 지휘체계가 초토화되는 동안 미군을 비롯한 연합군의 전사자는 300명이 채 안 됐습니다. 걸프전은 해·공군 전력의 중요성을 여실히 보여준, 전쟁의 패러다임을 바꾼 중요한 전쟁이었죠.

이렇게 해군이 중요하다는 것은 적 역시 마찬가지로 알고 있습니다. 따라서 전쟁이 나면 해상에서는 함정끼리 맞붙는 해전(海戰)이 벌어지게 됩니다. 강한 함정을 갖춰야 하는 이유는 이 때문이죠. 그리고 이 해전에서 가장 큰 활약을 하는 핵심 전력은 현재 구축함입니다.

과거 구축함은 배수량(배가 밀어낸 물의 양, 군에서는 함정의 크기를 결정짓는 단위) 1,000~3,000톤급의 함정으로 적 함정이나 잠수함을 공격하는 임무를 가지고 있었습니다. 이때만 해도 대부분의 해전은 훨씬 크고 강한 함포를 지닌 전함이 주인공이었죠.

하지만 제2차 세계대전을 즈음해 해전의 양상도 바뀌었습니다. 전투기·폭격기를 싣고 다니는 항공모함이 엄청난 화력을 갖추게 된 것이 큰 원인이었습니다. 또 거대한 전함이 몰래 숨어든 잠수함의 어뢰에 침몰하는 일도 생겼고요. 덩치 큰 전함은 위력은 분명히 강했지만, 상대하는 입장에서는 그만큼 '큰 표적'이라는 뜻도 됩니다. 많은 위협에 노출될 수밖에 없었죠. 여기에 미사일 기술이 발전하면서 함포보다 훨씬 효율이 좋아진 것도 중요한 이유가 됐습니다. 이렇게 해전이 항공모함·미사일 중심으로 변화하자 세계 각국은 전함보다 작지만 오랜 시간 항해가 가능하고, 각종 미사일과 어뢰를 통해 대함(함정)·대잠(잠수함)·대지(지상)·대공(공중) 공격이 모두 가능한 구축함 중심으로 주력 함대를 편성합니다. 대신 그만큼 구축함의 배수량도 커져 이제는 1만 톤급 구축함도 존재하게 됐죠. 이런 움직임에 우리 해군도 동참해 구축함을 만들게 됐고, 그 중심에 광개토대왕급 구축함이 있습니다.

광개토대왕급 구축함은 보다 넓은 바다로 나아가겠다는 '대양해군'을 현실화한 상징적인 함정입니다. 앞서 해군은 1,500톤급 울산급 호위함(FF)를 건조하는 데 성공했지만 먼바다로 나가기엔 아직 부족한 상태였죠. 하지만 광개토대왕급 구축함은 우리의 동·서·남해 해역함대의 기함(지휘함) 역할을 합니다. 주요 임무인 대함·대잠·대지·대공전은 물론 조기경보 임무와 상륙 전력 화력 지원, 전단 호송, 해상 교통로 보호 등도 하고요.

광개토대왕급 구축함은 우리 해군과 조선 회사의 뼈를 깎는 노력으로 건조된 자랑스러운 함정입니다. 1980년대 초 구축함 건조를 위한 기초 연구와 자료수집에 돌입한 뒤 1985년 한국형 구축함(KDX·Korean Destroyer Experimental)이란 이름으로 사업 추진이 결정됐고 10년 여의 노력 끝에 1996년 10월 28일 한국형 구축함 1번함 광개토대왕함이 해군 소속으로 바다를 누비게 됐습니다. 이름 역시 대륙을 누비던 광개토대왕의 뒤를 잇겠다는 뜻으로 지었죠. 지금이야 더 강한, 최신 함정이 있지만 광개토대왕함의 '데뷔'는 당시 엄청난 화제였답니다.

구축함은 우리는 물론 세계 각국이 운용하는 현대 해군력의 주요 전력으로 꼽힙니다. 건조는 물론 유지에도 천문학적인 비용이 들어가는 항공모함을 운용할 수 있는 나라는 미국을 비롯해 몇 나라가 되지 않기 때문에 구축함은 대부분 나라의 해군이 선택할 수 있는 답이기 때문이죠. 대한민국 최초의 구축함인 광개토대왕함에는 당시의 첨단 기술이 총망라됐는데요. 그러면 이제 광개토대왕함에 집중해 보도록 하겠습니다.

먼저 함정의 종류, 즉 함종에 대해 알아볼까요? 광개토대왕급 구축함은 DDH-Ⅰ라고 불립니다. 여기서 로마자 Ⅰ은 첫 번째 시리즈 정도로 이해하면 될 것 같아요. 광개토대왕급 구축함은 광개토대왕함, 을지문덕함, 양만춘함 등 3척으로 구성되거든요. 그다음 새로운 개념으로 건조한 충무공이순신급 구축함은 DDH-Ⅱ로 분류됩니다.

그렇다면 DDH는 무엇일까요? DDH를 영어로 풀어보면 'Destroyer(DD) Helicopter(H)'입니다. 즉 '헬기 탑재가 가능한 구축함'이란 뜻이죠. 다음에 다루겠지만 해군이 운용하는 WG-13 링스/슈퍼링스, AW-159 와일드캣 해상작전헬기는 항공정찰 능력은 물론 적 함정과 잠수함을 공격할 수 있는 화력을 지니고 있기 때문에 구축함으로선 굉장히 유용한 전력이랍니다. 헬기 운용 여부는 구축함의 성능에 큰 영향을 준다는 점에서 헬기 착륙 갑판을 가지고 있는 광개토대왕함급 구축함은 그만큼 강한 화력과 정보력을 가지게 되는 셈이죠.

광개토대왕급 구축함의 배수량은 3,200톤에 달합니다. 앞서 우리 해군이 건조했던 호위함이 1,500톤 정도였던 것을 생각하면 엄청난 발전이죠. 이로써 보다 많은 무장과 연료를 탑재할 수 있게 됐습니다. 보다 강한 함정이 먼바다까지 나아갈 수 있게 됐다는 뜻입니다. 함정의 길이인 전장은 135.4m, 너비인 전폭은 14.2m에 달합니다. 길이로만 치면 거의 축구장 수준이죠. 배 위에 헬기가 앉는 것은 물론 2대나 격납고에 들어갈 수 있는 수준이니 크기는 상상 그 이상입니다. 몇 년 전 광개토대왕급 구축함을 타고 훈련을 같이 나간 적이 있는데, 맨 앞인 함수에서 맨 끝인 함미까지 가는 데 20분 가까이 걸렸답니다. 물론 중간중간 오르내려야 하는 구간이 있어서 그렇긴 하지만 엄청난 크기를 새삼 실감할 수 있었어요. 항구에 정박한 모습을 보면 그 규모에 다시 놀라게 될 거예요.

이렇게 육중한 함정이지만 최대 시속은 30노트, 약 55.56km에 달합니다. 전속력으로 바다를 가르는 모습 또한 장관이죠. 엔진은 빠르게 항해할 때 사용하는 디젤 엔진과 조용히 항해할 때를 위한 가스터빈 엔진을 그때그때 바꾸는 '하이브리드 방식'으로 운용되는 것도 특징입니다.

이제 무장에 대해 알아볼까요? 광개토대왕함급 구축함은 함수에 127㎜ 구경 함포를 장착하고 있습니다. 이 함포는 오토멜라라(OTO Melara)라는 이탈리아 방산기업이 만든 제품인데요. 1분에 45발을 발사할 수 있고, 최대 23㎞ 떨어진 표적을 공격할 수 있어요. 여기에 수직발사대(GMVLS)에서 발사하는 시 스패로(Sea Sparrow)

대공 유도탄과 '골키퍼(Goalkeeper)'라는 별명을 가진 근접 방어 무기 체계(CIWS) 2문, 대함 유도탄 하푼(Harpoon), 경어뢰 청상어, 폭뢰(바닷속에 설치하는 폭탄) KMk. 9 등을 갖추고 있습니다. 이 밖에도 대함 유도탄 기만체계, 어뢰음향대항체계 등을 탑재해 적의 유도탄과 어뢰로부터 함정을 보호할 수 있는 기능도 있어요. 연기가 나오는 배기구(연돌)를 Y모양으로 만든 것도 특징인데요. 이는 배기구에서 나오는 열을 분산시켜 적의 적외선·열추적 미사일로부터 탐지될 확률을 낮추는 기능을 하죠. 공중 위협을 감지하는 2·3차원 대공 레이더와 적 잠수함의 존재를 파악하는 음탐기·소나(음파로 바닷속 목표의 위치를 알아내는 장비)도 탑재했습니다. 지난번에 이야기한 것처럼 광개토대왕함급 구축함은 적 함정과 잠수함은 물론 항공기, 유도탄, 심지어 땅 위의 목표물까지 두루 공격할 수 있는 능력을 가진 것이죠.

광개토대왕급 구축함의 1번함인 광개토대왕함이 우리 바다를 누빈 지 벌써 28년이나 지났어요. 그 사이 우리 해군은 DDH-Ⅱ인 충무공이순신급 구축함은 물론 이지스 구축함까지 건조해 운용하고 있죠. 사실 광개토대왕함은 첨단 함정이라고 하기엔 많이 늙은 것도 사실입니다. 하지만 우리 해군이 비로소 먼바다를 호령할 수 있는 힘을 갖추게 됐다는 점, 지금도 활약하고 있다는 점에서 큰 의미가 있답니다. 마치 '대한민국에서 가장 높은 건물은?'이란 질문에 추억의 '63빌딩'을 떠올리는 것처럼 앞으로 상당 기간 그 영향력은 여전할 것 같아요.

톤수	3,200톤
전장	135.4m
전폭	14.2m
최대 시속	30노트(약 55.56km)
승조원	210여 명
엔진	MTU 20V 956 TB82 디젤 엔진 2기
	GE LM2500 가스터빈 엔진 2기
무장	127㎜ 함포
	근접 방어 무기체계 골키퍼
	대공 유도탄 시 스패로
	대함 유도탄 하푼
	경어뢰 청상어
	폭뢰 KMk. 9
기만체계	대함 유도탄 기만체계
	어뢰음향대항체계
탐지체계	2·3차원 대공 레이더
	고정형 음탐기
	예인 소나
기타	해상작전 헬기 2대 탑재 가능

| 광개토대왕급 구축함 제원

차원이 다른 강력함
- 충무공이순신급 구축함

 광개토대왕급 구축함(DDH-Ⅰ)은 '대양해군'이라는 대한민국 해군의 염원을 이룰 수 있게 한 역사적인 시작이었어요. 충무공이순신

급 구축함(DDH-II)은 이 꿈을 실제로 이뤄낸 결과물이었습니다.

충무공이순신급 구축함은 배수량 3,200톤급인 광개토대왕함급보다 1,200톤이나 더 몸무게를 늘린 4,400톤급 대형 구축함입니다. 크기 역시 길이 150m, 폭 17.4m, 높이 38.5m로 더 커졌죠.

충무공이순신급과 광개토대왕함급을 나누는 결정적 차이는 무엇일까요? 먼바다로 나아가 임무를 수행할 수 있는 항해 능력과 대공방어 능력, 적의 레이더에 보이지 않는 스텔스 능력이 그 답입니다.

먼저 항해 능력에 대해 이야기해 볼게요. 충무공이순신함의 최대 시속은 30노트(55.56㎞)로 광개토대왕함과 같습니다. 그런데 한번 출항해 항해할 수 있는 거리는 5,500마일(약 1만 200㎞)에 달하죠. 반면 광개토대왕함은 4,500마일(약 8,300㎞)이에요. 광개토대왕함 역시 먼바다를 항해할 수는 있지만 안정성 면에서 큰 차이를 보이는 것이죠.

충무공이순신급 구축함은 이런 장점을 이용, 해외 곳곳을 누비며 세계 평화를 지키는 데 힘을 보태고 있답니다. 대표적인 것이 바로 '청해부대'입니다.

청해부대는 우리 해군이 해적들로 무법천지가 된 소말리아 해역의 평화를 유지하기 위해 파견하는 평화유지군인데요. 2009년부터 충무공이순신급 구축함은 2번함(두 번째로 취역한 함정) 문무대왕함을 시작으로 지난해 39진 1번함 충무공이순신함까지 6척이 번갈아 가며 청해부대란 이름으로 활약했습니다. 지금은 국내 안보 상황에 맞춰 광개토대왕함급이 그 자리를 대신했지만요.

충무공이순신급 구축함들은 청해부대로 활동하면서 수만 척의 선박에 대한 보호 작전을 수행하고 해적 퇴치와 선박구조 임무를 성공적으로 해냈어요. 특히 2011년 청해부대 6진이었던 최영함은 소말리아 해적에게 납치된 우리나라 삼호주얼리호를 구출하는 '아덴만의 여명 작전'에 나서 해적 8명을 사살하고 5명을 생포하는 한편 우리 국민 8명 등 선원 21명을 무사히 가족의 품으로 돌려보내는 데 성공했어요. 아덴만의 여명 작전은 당시 우리 해군의 작전 능력과 장병들의 용감함을 세계에 널리 알린 사례로 유명하답니다.

이 밖에도 2014년 리비아 교민 철수 지원, 2018년 가나 해상 피랍 국민 호송, 2023년 수단 내전 교민 철수 지원 등 해외에 거주하는 대한민국 국민이 위기에 처할 때면 대형 함정의 위풍당당한 모습을 드러내며 도움을 주고 있어요. 특히 2021년에는 우리 국적 화물선이 이란 혁명수비대에 납치되자 이들의 '앞마당'인 호르무즈 해역까지 진출해 무력시위를 하며 협상에 큰 영향을 줬어요. 이렇게 충무공이순신함은 청해부대 활동을 통해 원정 작전 수행 능력을 입증하고, 강력한 힘을 보여주며 국제 사회에서 대한민국 해군의 위상을 크게 높이고 있답니다.

그러면 이제 충무공이순신급 구축함 자체에 대한 이야기를 해 볼까요? 충무공이순신급 구축함이 전작인 광개토대왕급 구축함과 크게 달라진 것은 대공 능력입니다.

광개토대왕급 구축함을 소개할 때 현대 해전은 대함·대공전이 중요하다고 말씀드렸는데요. 이에 따라 우리 해군도 함대공 유도무기체계(SAM, Surface-to-Air Missile)와 대함 유도탄 방어 유도무기(SAAM, Surface Air Anti Missile) 등 복합적인 해전을 훌륭히 수행할 수 있는 함정이 필요하다고 판단했습니다. 충무공이순신급 구축함은 이에 부응하기 위해, 광개토대왕급 구축함보다 발전된 능력을 갖췄어요.

광개토대왕급 구축함은 '시 스패로(Sea Sparow)' 대공 유도탄을 탑재하고 있는데요. 이는 함정 자체의 대공방어는 가능하지만 주변 함정을 돕기엔 살짝 역부족이란 평가를 받았습니다. 이에 비해 충무공이순신급 구축함은 RIM-66 스탠더드 미사일-2(SM-2)라는 중거리 방공 미사일을 장착했죠. 사거리 120km, 고도(높이) 24km에 달하는 SM-2는 주변 함정을 향해 날아오는 비행물체를 요격할 수 있기 때문에 전투 전대, 호송 전단 보호도 가능하답니다. 이로써 해군은 '구역 대공방어'라는 새로운 개념을 도입할 수 있었죠.

특히 높이에 따라 층층이 방어하는 '다층 방공망 체계'를 갖춘 것도 인상적이에요. 적이 멀리서 미사일을 발사했다고 가정해 볼게요. 그러면 먼저 가장 멀리 날아가는 SM-2가 요격에 나서고, 만약 요격하지 못하면 사거리 9~12km의 RIM-116 램(RAM) 단거리 대공 미사일이 발사됩니다. 그래도 요격되지 않는다고요? 그땐 골키퍼(Goalkeeper) 30㎜ 기관포(CIWS)가 나서게 되죠. 이 정도 방어선을 구축하면 웬만한 미사일은 함정에 오기 전 폭발하게 되죠.

날아오는 미사일을 방어하는 것도 좋지만 아예 들키지 않는 것이 더 좋겠죠? 그래서 충무공이순신급 구축함은 우리 해군 최초로 레이더 반사 면적, 적외선 신호, 방사 소음 등을 줄인 스텔스 설계 기술을 본격 적용했어요. 스텔스 기술로 적에게 잘 탐지되지 않게 되면서 생존성이 크게 높아졌죠.

다른 무장으로는 KMk45 Mod4란 이름의 127㎜ 함포가 있고, 광개토대왕함에도 있는 하푼(HARPOON) 함대함 유도무기는 원통형 4연장 발사관이 2개, 총 8기가 탑재돼 있습니다. 특히 충무공이순신급 구축함에는 우리 기술로 만든 한국형 수직발사기(KVLS)가 수직발사기(VLS)와 함께 설치됐는데요. VLS 16세트였던 광개토대왕급 구축함에 비해 VLS 32세트, KVLS 24세트나 갖춰 화력과 전술적 활용도를 크게 높인 것도 장점입니다.

충무공이순신급 구축함이 적에게 공포스러운 존재인 데는 이유가 하나 더 있는데요. 바로 광개토대왕급 구축함까지는 갖지 못했던 전략무기 해성-Ⅱ 함대지 순항미사일의 존재 때문이에요. 순항미사일은 마치 비행기처럼 엔진과 날개로 하늘을 비행해 목표 지점을 정밀 타격 하는 미사일입니다. 워낙 중요한 무기다 보니 정확한 제원이나 성능은 공개되지 않았지만, 충무공이순신급 구축함은 KVLS에서 발사되는 해성-Ⅱ를 활용해 적의 주요 시설을 멀리서 공격할 수 있어요.

현재 세상에서 가장 강한 무기체계는 무엇일까요? 저는 아마 함정 위에 수많은 최첨단 전투기를 싣고 다니는 '항공모함'이 아닐까 합니다. 하지만 우리의 동·서·남해는 항공모함이 돌아다니기에 비교적 좁은 것도 사실이고, 항공모함 1척을 만들고, 유지하는 데 엄청난 비용이 드는 등 여러 이유로 찬반 논란이 있는 것이 현실이에요. 그렇다면 선택할 수 있는 차선책이 바로 구축함입니다. 총 6척 만들어진 충무공이순신급 구축함은 우리 해군의 강한 힘을 상징하고 있어요. 그리고 건조 후 장기간 운영하는 함정의 특성을 볼 때 앞으로도 꽤 오랜 시간 그 위치를 유지할 것 같아요.

톤수	4,400톤
전장	150m
전폭	17.4m
최대 시속	30노트(약 55.56km)
승조원	220여 명
엔진	MTU 20V956 TB92 디젤 엔진 2기
	GE LM2500 가스터빈 엔진 2기
무장	127mm 함포
	해성-Ⅱ 함대지 순항미사일
	근접 방어 무기체계 골키퍼
	대공 유도탄 SM-2 · RIM-116 RAM
	대함 유도탄 하푼 · 해성
	경어뢰 청상어
	폭뢰 KMk. 9
기만체계	대함 유도탄 기만체계
	어뢰음향대항체계
탐지체계	2 · 3차원 대공 레이더
	고정형 음탐기
	예인 소나
기타	해상작전 헬기 2대 탑재 가능

| 충무공이순신급 구축함 제원

바닷속 '침묵의 수호자'

- 도산안창호급 잠수함

"한 사람이 제대로 길을 지키면 능히 천 명을 두렵게 할 수 있다" 우리나라의 대표적인 위인이자 세계적인 명장 충무공 이순신 장군이 하신 말씀인데요. 현재 이 명언에 가장 걸맞은 무기체계를

꼽는다면 단연 잠수함이 아닐까 싶어요.

잠수함은 바닷속에 숨은 채 임무를 수행하는 '은밀성'이 가장 큰 장점입니다. 전쟁 중 가장 결정적인 순간, 결정적인 장소에서 은밀하게 나타나 아무 준비가 안 된 상대에게 치명적인 타격을 가할 수 있죠. 그래서 잠수함은 전쟁 전반에 영향을 줄 수 있는 '전략무기'로 분류됩니다.

현재 우리 해군은 세 종류의 잠수함을 운용하고 있는데요. 가장 먼저 운용한 1,200톤급 장보고급 잠수함, 그다음 도입된 1,800톤급 손원일급 잠수함, 마지막으로 지난해 본격적으로 해군 잠수함이 된 3,000톤급 도산안창호급 잠수함이 있습니다. 오늘은 가장 최신 잠수함인 도산안창호급 잠수함에 대해 알아볼까 해요.

위대한 독립운동가인 도산 안창호 선생님의 이름을 딴 도산안창호급 잠수함은 사상 처음으로 설계부터 건조(제작)까지 우리 기술로 이뤄진 자랑스러운 잠수함입니다. 잠수함은 바닷속의 높은 압력을 견디는 강한 선체는 물론 각종 장비·시스템이 한 치의 오차 없이 작동해야 하기 때문에 제작에 상당히 높은 기술력이 요구됩니다. 특히 물 3,000톤을 담을 수 있는 것을 뜻하는 '만재톤수 3,000톤' 이상의 잠수함을 만들 수 있는 나라는 세계에서 우리를 포함해 8개밖에 없다는 사실을 알면 더욱 놀랍죠.

도산안창호급 잠수함은 바닷속에서 1시간에 37㎞ 이상을 달릴 수 있는 빠른 잠수함입니다. 또 어뢰·유도탄 등 다양한 무장을 탑재해 어떤 작전도 완벽히 수행할 수 있죠. 특히 첨단 장비를 통해 땅 위에 있는 적의 중요한 시설들을 정확히 타격할 수 있는 능력을 보유한 진정한 의미의 '전략무기'입니다.

잠수함은 맡고 있는 임무에 따라 오랜 시간 바닷속에 머물러야 하는 일이 많은데요. 도산안창호급 잠수함은 바다 위에서 공기를 가져오지 않고 잠수함 내부의 공기를 활용해 엔진을 움직일 수 있는 '공기불요추진체계(AIP)'와 국산 수소연료 배터리를 사용하기 때문에 길게는 몇 주 동안 바다 위로 올라오지 않을 수 있어요. 또 선체 외부에 바른 코팅제 등 최신 기술을 적용해 잠수함의 핵심 능력인 은밀성 역시 강화했죠.

잠수함의 두뇌 역할을 하는 전투·소나체계도 최신형입니다. 여러 센서로부터 표적의 정보를 받은 뒤 어뢰나 유도탄을 발사하는 모든 과정을 자동화했습니다.

탑재된 무기 역시 아주 강력한데요. 우리나라에서 만든 중어뢰-Ⅱ '범상어'는 아주 먼 거리에 있는 적 함정이나 잠수함도 끝까지 추적해 격침할 수 있는 능력을 갖췄어요. 원하는 위치까지 스스로 이동해 부딪친 적 함정에 폭발하는 자항 기뢰(SLMM)도 가지고 있죠. 잠깐 바다 위로 올라와 발사하는 탄도 유도탄(SLBM)은 적에게 치명상을 안길 수 있는 무기입니다. 적 어뢰의 공격을 방어하기 위한 어뢰 기만기도 갖췄죠.

바닷속에서 은밀히 적에게 다가가 임무를 수행하는 잠수함은 '침묵의 수호자'라고 불립니다. 도산안창호급 잠수함은 지금도 우리가 알 수 없는 바닷속 어딘가를 항해하며 우리의 바다를 묵묵히 지키고 있죠.

길이×너비	83.3m×9.6m
만재톤수	3,000톤
수중 최대 시속	37㎞(20노트)
추진 방식	디젤+납축전지+공기불요추진체계
승조원	50명
무장	중어뢰-Ⅱ '범상어', 자항 기뢰, 탄도 유도탄

| 도산안창호급 잠수함 제원

영웅의 이름을 이어받아
- 윤영하급 유도탄고속함

'서해 수호의 날'을 아시나요? 제2연평해전, 천안함 피격 사건, 연평도 포격전 등 서해 최전방에서 헌신한 우리 해군·해병대 장

병들을 기리는 기념일이 '서해 수호의 날'입니다. 이 가운데 제2연평해전은 2015년 영화로 나와 600만 명이 넘는 관람객을 동원하며 더 유명해졌죠. 제2연평해전은 한일 월드컵이 한창이던 2002년 6월 29일 우리 해군 고속정 참수리 357호정이 선제공격한 북한 경비정과 교전을 벌였던 전투입니다. 참수리 357호정을 이끌던 정장 윤영하 대위 등 6명이 치열하게 싸우다 끝내 목숨을 잃는 비극도 발생했죠. 해군은 이들의 분투를 기억하고 공을 기리기 위해 각각 1계급씩 진급하는 추서를 했습니다. 그 결과 윤 대위도 윤 소령이 됐죠. 특히 해군은 새로 만든 함정에 이들의 이름을 붙였습니다. 함정에 자신의 이름이 붙는 것은 '해군의 아버지'라고 불리는 손원일 제독처럼 아주 큰 공을 세운 이들에게 주어지는 특전입니다. 그만큼 이들에 대한 해군의 사랑이 각별하단 뜻이죠. 제2연평해전 영웅들의 이름을 걸고 최전방 해역을 수호하고 있는 윤영하급 유도탄고속함(PKG, Guided Missile Patrol Killer)에 대해 알아보겠습니다.

윤영하급 유도탄고속함은 1970년대 후반부터 활동한 참수리급 고속정(PKM, Patrol Killer Medium)을 대체한 함정입니다. 특히 개발 중이던 2002년 제2연평해전이 발생하자 원래 계획에서 더 강하고 큰 함정을 만들기로 결정했죠. 그 결과물이 윤영하급 유도탄고속함이에요.

2007년 6월 28일 탄생한 신형 유도탄고속함에는 '윤영하함'이라는 이름이 붙었습니다. 그리고 나머지 2~6번함에도 각각 한상국함(2번함), 조천형함(3번함), 황도현함(4번함), 서후원함(5번함), 박동혁함(6번함) 등 제2연평해전 전사자들의 이름으로 불리게 됐어요.

윤영하급 유도탄고속함은 450톤급에 전장 63m, 전폭 9m 규모입니다. 참수리급 고속정과 비교해 확연히 덩치가 커졌죠. 하지만 최대 속력은 40노트(시속 74km)로 38노트(70km)인 참수리급보다도 오히려 빨라요.

무엇보다 강해진 것은 화력입니다. 윤영하급 유도탄고속함의 76㎜ 주포는 10km 밖 표적도 맞힐 수 있어요. 특히 자동화 사격통제 장비를 갖추고 있어서 바다 안개(해무)나 전파방해 같은 방해요인이 있어도 정확히 표적의 위치와 이동 경로를 계산해 포탄을 발사할 수 있답니다. 1분에 600여 발을 쏠 수 있는 40㎜ 부포 1문과 사정거리 150여km의 국산 대함 유도탄 '해성'도 장착했어요.

이렇게 강해진 화력을 효율적으로 운영할 수 있는 국산 전투체계를 갖춘 것도 큰 장점입니다. 윤영하급 유도탄고속함에는 우리 해군 최초로 전투함용 독자 모델 전투체계가 들어갔어요. 이 전투체계는 탐지장비로 수집한 적 정보를 분석해 무장체계와 자동으로 연결해 준답니다. 표적을 탐지해 가장 효율적인 시점과 무기로 자동 타격할 수 있도록 돕는 시스템이죠. 또 우리 기술로 개발한 3차원 탐색·추적 레이더와 전투체계 덕분에 모든 작전을 실내에서 할 수 있게 됐어요. 예전 참수리급 고속정은 지휘할 때 지휘관이 바깥 갑판에 있어서 위험했거든요.

배가 나아가는 방식인 추진체계도 변했어요. 선체 아래에서 빨아 당긴 물을 고속으로 배출해 추진력을 얻고, 배출구의 방향을 조절해 진행 방향을 바꾸는 '워터제트(Water Jet)' 방식이에요. 워터제트 방식은 스크루가 없어 어망 같은 장애물의 영향을 적게 받는 데다 보다 빠르게 돌 수 있기 때문에 전투 때 유리한 위치를 선점할 수 있죠. 우리 해군 함정 중 처음으로 가스와 경유(디젤)을 사용하는 엔진을 각각 탑재한 것도 특징이에요.

윤영하급 유도탄고속함은 총 18척이 건조·취역함으로써 2018년 사업이 마무리됐습니다. 제2연평해전 전사자의 이름을 딴 1~6번함 외에 나머지 12척은 해군 창군 이후 해전과 전투에서 용맹성을 발휘한 인물로 명명했어요. 현재 18척의 윤영하급 유도탄고속함은 동·서·남해 해역함대에 배치돼 해양주권 수호의 첨병으로 활약하고 있답니다.

경하톤수 (선박 자체의 무게)	450톤
전장(길이)	63m
전폭	9m
최고 속력	40노트(약 74km/h)
승조원	40여 명
추진체계	워터제트 방식
무장	76mm 주포
	40mm 부포
	대함 유도탄 해성
	대함 유도탄 기만체계

| 윤영하급 유도탄고속함 제원

바다 위 거대한 요새
- 독도급 대형 수송함

'대양해군'. 우리 해군이 추구하는 궁극적인 목표죠. 대양해군은

한반도 주변 해역을 넘어 세계를 누비며 평화유지에 앞장서겠다는 해군의 포부를 담고 있습니다. 해군은 1950년 '해군의 아버지' 손원일 제독을 비롯한 창군 멤버들이 어렵게 모은 돈으로 미군의 450톤급 퇴역 초계함(PC) '백두산함'을 구매할 때부터 대양해군이란 큰 꿈을 품고 있었습니다. 이런 대양해군 건설을 한 걸음 앞당긴 함정이 바로 1만 4,500톤급이란 어마어마한 규모를 자랑하는 대형 수송함(LPH), 독도함입니다.

우리 기술로 건조된 독도함은 세계 최고 수준의 조선 강국의 위상에 걸맞은 함정이자 대양해군을 향한 첫걸음이라는 점에서 매우 큰 의미를 가진 함정이에요.

해군은 대양해군을 '국가 이익을 수호하고, 국가 정책을 뒷받침할 수 있는 작전 능력을 갖춘 해군'을 의미한다고 설명하고 있어요. 이를 위해서는 수중·수상·공중의 입체 전력을 갖추고, 상당 기간 대양에서 독립적으로 작전을 펼칠 수 있어야 하는데요. 즉 다목적 작전을 수행할 수 있는 지휘함이 필요하다는 것으로 이어집니다. 독도함은 기동 부대를 지휘·통제하고, 입체적 상륙작전을 수행하며 해상 항공작전을 지원할 수 있는 첫 해군 함정이라고 생각하시면 돼요.

독도함은 1999년 기본 설계를 시작해 2002년 건조에 착수했고, 2005년 7월 12일 진수됐습니다. 전장 199m, 전폭 35m에 6층의 선체와 4층의 상부 구조물로 구성된 독도함은 1만 4,500톤급으로 당시 아시아 최대 규모를 자랑했죠. 함정에 장착된 4기의 디젤 엔진은 최대 23노트(43㎞)까지 속력을 낼 수 있어요. 함정에는 상륙군 720여 명, 헬기 7대, 전차 6대, 상륙돌격장갑차 7대, 트럭 10대, 야포 3문, 고속상륙정(LSF-Ⅱ, Landing Ship Fast) 2척 등이 실릴 수 있죠.

특히 대양해군을 선도하는 함정답게 내부에 상륙 기동 부대 지휘소(TFOC, Task Force Operation Center)를 비롯한 다수의 지휘·통제 시설을 갖추고 있죠. 이를 바탕으로 해상·상륙 기동 부대의 기함(旗艦, 지휘함) 역할을 수행한답니다.

기본적으로 작전 지휘와 병력·장비 수송 임무를 맡고 있지만 최소한의 방어는 해야겠죠? 독도함은 근접 방어 무기체계(CIWS, Closed In Weapon System) 2문과 대함 유도탄 방어 유도탄(RAM, Rolling Airframe Missile) 1문을 무장으로 장착하고 있어요.

승무원 300여 명을 포함해 1,000명이 넘는 사람들이 탈 수 있는 함정인 만큼 다양한 시설도 갖추고 있어요. 특히 응급환자 수술실, 방사선실, 치과, 임상병리실, 약국, 격리 병실 등 13개 구역으로 나뉜 대규모 의료시설이 대표적이죠. 격실(방)도 700여 개에 달하고, 1,000여 명이 1시간 이내에 밥을 먹을 수 있는 식당도 있답니다.

독도함은 대한민국 대표 함정으로 국내외에서 우리 해군의 위상을 높이고 있어요. 상륙 훈련은 물론 각종 국제 관함식에서 대한민국을 대표해 세계 각국의 함정과 어깨를 나란히 하기도 했죠. 대형 재해·재난 구조작전 지휘, 재외 국민 철수, 국제 평화유지

활동 등 다양한 인도적 작전을 통해 국격을 높이기도 했답니다.

이런 이유로 독도함 승조원들은 매일 눈코 뜰 새 없이 바쁜 일정을 소화하고 있어요. 정비를 받는 기간을 제외하면 거의 대부분의 시간을 훈련과 행사, 기타 임무 수행에 투입하고 있죠. 이런 독도함 승조원들의 헌신과 노고를 생각하며 박수를 보내주셨으면 좋겠어요.

톤수	1만 4,500톤
전장	199.4m
전폭	34.4m
최대 시속	23노트(43㎞)
승조원	300여 명
탑재 능력	상륙군 720여 명, 헬기 7대, 전차 6대, 상륙돌격장갑차 7대, 트럭 10대, 야포 3문, 고속상륙정 2척
무장	근접 방어 무기체계 2문, 대함 유도탄 방어 유도탄 1문

| 독도함 제원

전쟁의 판도를 바꾼다
- 천왕봉급 상륙함

여러 전쟁 영화·드라마 등에서 바다를 통해 육지로 들어와 적을 공격하는 '상륙작전'을 볼 수 있는데요. 과거 바이킹의 침공부터

제2차 세계대전의 '노르망디 상륙작전', 6·25전쟁의 판도를 바꾼 역사적인 '인천상륙작전'까지 상륙작전은 과거부터 현재까지 이른바 '게임 체인저(Game Changer)' 역할을 하는 중요한 전술입니다.

그렇다면 상륙작전에서 가장 중요한 요소는 무엇일까요? 무엇보다 쏟아지는 적의 공격을 이겨내고 육지에 올라설 용감한 장병들이 첫 번째일 테고요. 그다음으로는 대규모 병력을 해안까지 옮길 수 있는 상륙함의 존재일 것입니다. 우리 해군에서는 천왕봉급 상륙함(LST-II)이 바로 그런 역할을 맡고 있죠.

앞서 말씀드린 노르망디 상륙작전이나 인천상륙작전과 달리 현대·미래전에서는 상륙작전이 조금 다른 양상으로 변했습니다. 해안 감시 레이더와 지대함 유도탄, 해안포 등 상륙을 막기 위한 수단이 첨단·고도화 됐기 때문이에요. 상륙함이 직접 해안에 나타나는 것은 사실상 불가능한 것이 지금의 상황입니다. 그래서 만들어진 작전개념이 바로 '초수평선(OTH, Over The Horizon) 상륙작전'이에요.

초수평선 상륙작전은 이름은 어렵지만 사실 여러분들이 과학 시간에 배운 내용을 생각해 보면 쉽게 이해하실 수 있을 거예요. 지구는 둥글다는 사실은 모두 알고 계시죠? 그래서 땅에서 볼 때 바다와 하늘이 만나는 선, 즉 수평선보다 먼 거리의 물체는 우리 눈에 보이지 않는답니다. 초수평선 상륙작전은 이 원리를 이용, 수평선 너머에 상륙함을 배치하고, 그곳에서부터 상륙작전을 시작하는 개념이죠.

초수평선 상륙작전을 위해서는 무엇이 필요할까요? 바로 먼바다에서 발진해 안전히 해안에 진입할 수 있는 이동 수단이겠죠? 천왕봉 상륙작전은 이런 작전을 가능케 하는 장비들을 갖추고 있어요. 핵심은 함정에 설치된 상륙작전 지휘소와 첨단 기술로 개발된 상륙정(배), 앞서 소개해 드린 한국형 상륙돌격장갑차(KAAV)입니다.

천왕봉급 상륙함은 4,900톤급 크기에 길이 126m, 폭 19m의 거대한 규모를 자랑합니다. 함정에 탄 승조원만 120여 명이고, 완전무장 한 상륙군 320여 명과 이들이 탈 상륙정, 전차, KAAV도 탑재할 수 있어요. 상륙 헬기 2대도 이착륙할 수 있어요.

혹시 모를 적 공격에 대한 대비도 튼튼히 했습니다. 함정 자체에 방탄 설계를 적용했고, 내부의 화재에 대비하기 위한 방화격벽도 강화됐습니다. 40㎜ 함포와 대함 유도탄 방어 유도탄 등 반격을 위한 무기체계도 있어요.

천왕봉급 상륙함은 전쟁에서 해상에서 상륙 전력을 전개하는 것이 주 임무입니다. 최악의 상황에서는 강한 내구력을 활용해 직접 해안에 접안할 수도 있고요. 평시에는 작전·훈련은 물론 각 섬에 흩어져 있는 부대에 병력·장비·물자를 수송하고 있죠. 여기에 유엔 평화유지활동 등 국제협력 활동을 지원하고 있습니다. 재해·재난 구호 등 비군사적·인도주의적 작전도 함께 수행하고 있어요.

여담으로 천왕봉급 상륙함의 명칭은 적지에 상륙해 고지를 탈환한다는 의미로 지명도가 높은 봉우리명을 사용하고 있어요. 현재 1번함인 천왕봉함 외에 자매함으로 천자봉함, 일출봉함, 노적봉함이 활동하고 있답니다.

톤수	4,900톤급
전장(길이)	126.9m
전폭	19.4m
최대 시속	23노트
승조원	120여 명
무장	40mm 함포, 대함 유도탄 방어 유도탄
탑재 능력	상륙군 320여 명, 상륙정, 상륙돌격장갑차, 상륙헬기, 전차, 자주포, 트럭 등

| 천왕봉급 상륙함 제원

사람 살리는 군함
- 강화도급 잠수함구조함

"너무 깜깜하지만 감각으로나마 시도해 본다. 살 가망은 없을 거다. 누군가 이 글을 읽기를 바란다. 모두에게 안부를…. 절망할 필요 없다"

읽기만 해도 가슴이 먹먹해지는 이 글은 2000년 8월 러시아 핵잠수함 쿠르스크함 침몰 사고에서 폭발을 피해 구조를 기다리다 끝내 숨진 드미트리 콜레스니코프 대위의 품속에서 나온 메모입니다. 쿠르스크함 침몰 사고가 가장 안타까운 것은 함수(잠수함 앞쪽)에서 폭발이 발생한 뒤에도 콜레스니코프 대위를 비롯한 23명이 8시간 가까이 살아 있었다는 점인데요. 만약 사고를 접수한 뒤 잠수함구조함이 바로 출동해 구조를 했다면 한 명이라도 살 수 있지 않았을까요? 쿠르스크함 침몰 사고는 잠수함구조함의 중요성에 전 세계가 주목하게 된 중요한 계기였습니다.

잠수함구조함은 한 치 앞을 내다볼 수 없는 심해 최전방에서 임무를 수행하는 잠수함이 사고를 당할 경우 구조 활동을 펼칠 수 있는 '최후의 보루'라고 할 수 있어요. 잠수함의 안전한 임무 수행에 든든한 방패 역할을 한다는 뜻이죠. 당연히 우리 해군도 잠수함구조함을 가지고 있습니다. 쿠르스크함 침몰 사고 전인 1996년 국내에서 건조한 청해진함(ASR)이 그것이죠. 청해진함은 1998년 좌초된 북한의 유고급 잠수함 인양을 시작으로 북한 장거리 미사일 인양, 천안함·세월호·추락 헬기 생존자 구조 등 수많은 인양 작전과 인명 구조 임무를 수행하며 현장을 누비고 있습니다.

그런데 이런 청해진함에도 문제가 있어요. 청해진함은 운용한 지 20년이 다 되어가는 구형 함정이란 사실이죠. 또 앞서 소개한 도산안창호급 잠수함 등 잠수함의 수가 늘어나면서 더 신속하고 원활한 구조작전을 위한 신형 잠수함구조함이 필요하다는 목소리가 커졌죠. 그래서 만들어진 것이 차기 잠수함구조함 강화도함(ASR-Ⅱ)입니다.

강화도함의 길이 120.2m, 폭 19m, 배수량 5,600톤에 달하는 거대한 크기는 청해진함(길이 102.1m · 폭 16.4m · 배수량 3,220톤)을 능가하죠. 배의 뒤편인 함미에는 UH-60 블랙호크 등 중형급 헬기도 탑재할 수 있어요.

배 중간 부분에는 자동차 10여 대를 주차할 수 있는 크기의 센터 웰(Center Well)이라는 공간이 있습니다. 센터 웰은 바닥이 열리는 구조인데요. 여기서 구조장비를 내리고 올릴 수 있어요. 잠수함구조함에 센터 웰을 설치한 것은 강화도함이 세계에서 두 번째라고 하네요. 센터 웰은 파도가 높은 악천후에도 500m 깊이까지 내려가 조난 잠수함의 승조원을 구조할 수 있는 장점이 있어요. 배 중간에서 잠수함을 끌어 올려 무게중심을 유지하는 원리인데요. 함미에 설치된 구조물로 잠수함을 끌어 올리는 방식인 청해진함은 파도가 높으면 무게중심을 잃기 때문에 구조에 어려움을 겪었던 사례를 해결하기 위한 방법이죠.

강화도함은 심해잠수구조정(DSRV), 수중무인탐사기(ROV), 포하잠수체임버(PTC) 등 세 가지 구조장비를 탑재하고 있어요. 작은 잠수함처럼 생긴 DSRV는 해치(입구)와 침몰 잠수함 해치를 연결해 승조원들이 빠져나올 수 있도록 만들어졌죠. ROV는 구조사가 들어가기 어려운 800m 이상의 깊은 바닷속까지 진입할 수 있답니다.

잔해를 건져 올릴 수 있는 로봇팔이 달려 있는 것도 ROV의 특징이에요. PTC는 구조사들이 탑승해 100m 깊이에서 6시간 동안 작업할 수 있는 혼합산소를 만들 수 있어요.

사람의 생명은 그 무엇보다 중요한 가치입니다. 단 한 사람의 장병, 국민의 생명도 소홀히 할 수 없는 것은 국가, 군의 책무죠. 잠수함구조함은 바다에서 벌어지는 여러 사고에 대응해 생명을 살리는 데 사용되는 아주 소중한 장비랍니다.

길이	120.2m
너비	19m
배수량	5,600톤
승조원	130여 명
최고 시속	20노트(약 37㎞)
탐지장비	다중빔음향측심기(MBES), 수중무인탐사기(ROV) 등
구조장비	심해잠수구조정(DSRV), 포화잠수체임버(PTC) 등

| 강화도함 제원

3

공중을 지배하는 자가 전쟁을 지배한다

: 공군 항공기 대해부

대한민국에서 가장 많은 전투기

- ⒦F-16 파이팅 팰컨 전투기

이번 장에서는 전투기에 대해 이야기해 볼까 합니다. 마하의 속도로 하늘을 날며 강력한 공격을 퍼붓는 전투기는 아마 많은 어린이들이 좋아하는 무기일 것 같은데요. 실제로 전투기는 현대 전쟁에서 가장 중요한 역할을 맡고 있다고 해도 과언이 아닙니다. 하늘을 완전히 장악하게 되면 적이 손쓸 수 없는 위치에서 엄청난 위력의 공격을 쏟아낼 수 있기 때문이죠. 그래서 적의 항공기를 파괴하고 제공권을 가져오는 전투기의 역할은 매우 큽니다.

또 다른 주제를 던져볼게요. '주력(主力)'이란 단어를 아시나요? 사전은 '군대나 여러 부대 가운데 중심이 되는 전력(戰力)을 지닌 부대'라고 풀이합니다. 그렇다면 우리 공군이 가지고 있는 수많은 전투기 가운데 주력은 어떤 것일까요?

공군의 주력 전투기에 대해서는 임무, 성능 등 많은 해석이 있습니다. 이 가운데 가장 많은 전투기 수, 즉 규모를 기준으로 하면 바로 KF-16 파이팅 팰콘(Fighting Falcon)이 주력 전투기라고 할 수 있습니다. 오늘은 우리 공군이 가장 많이 보유한 전투기 KF-16에 대해 알아보겠습니다.

KF-16의 모체인 F-16 전투기는 미국이 자랑하는 베스트셀러 전투기 가운데 하나입니다. 초기형인 F-16A부터 최신형인 F-16V까지 모든 시리즈를 다 합하면 세계에 4,000대가 넘게 판매됐죠. 1970년에 처음 만들어졌지만 지금도 끊임없이 개량과 제작을 반복하고 있는 전투기입니다. 이렇게 F-16이 롱런할 수 있던 것은 훌륭한 성능을 기반으로 미국이 지금도 대량 운용하기 때문에 쉽게 부품을 구할 수 있기 때문이라는 분석이죠. 우리 공군도 이런 장점 때문에 여전히 KF-16을 다수 운용하고 있습니다.

이쯤 되면 한 가지 이상한 점이 느껴지실 텐데요. 왜 우리나라에서 운용되는 전투기에는 앞에 'K'라는 글자가 붙었을까요? 그건 우리나라가 진행한 F-16 전투기 도입 사업과 관련이 있는데요. 우리나라는 F-16 도입 사업의 이름을 평화의 다리, 피스 브릿지(Peace Bridge)로 붙였습니다. 그리고 1986년 미국에서 만들어져 우리나라에 들어온 첫 F-16에는 피스 브릿지의 영어 앞 글자를 따 F-16PB라는 이름이 붙여졌습니다. 하지만 이후 1994년에는 우리 기업이 수입된 부품을 조립하기 시작했는데요. 그래서 '한국(Korea)에서 만들어졌다'는 뜻의 KF-16이 됐다고 해요. 우리나라에서 만든 만큼 부품만 있다면 수리가 쉬워졌죠. 또 우리 공군이 필요로 하는 성능으로 업그레이드도 할 수 있고요. 지금도 KF-16의 성능 개량이 이뤄지고 있는데 최신형인 F-16V 수준이 될 것이라고 합니다.

KF-16은 크게 두 가지 버전이 있는데요. 조종사가 1명인 '단좌형'과 2명인 '복좌형'입니다. 현재 공군은 단좌형을 주로 운용하고 있고, 복좌형은 조종사 교육을 위해 뒤에 교관이 타는 방식으로 활용하고 있어요.

이제 전투기에 장착하는 무기들을 알아볼까요? 먼저 공중의 적을 공격하는 공대공 미사일인 AIM-9M · AIM-120B, 지상을 향해 발사하는 공대지 미사일인 AGM-65G 매버릭과 적의 레이더 기지를 폭격하는 AGM-88 대레이더 미사일, 바다 위 함정을 공격하는 AGM-84 공대함 미사일이 있습니다. 특히 'JDAM'이라고 불리는 공대지 정밀 유도 폭탄 GBU-31(V)1은 정확도와 위력이 뛰어난 것으로 유명하죠. 또 '발칸포'라고 불리는 M61A1 기관포로 짧은 거리에 있는 적 항공기를 공격할 수도 있어요.

소리가 1초에 도달할 수 있는 거리를 뜻하는 음속, 즉 마하(Mach) 2.0 이상의 속도로 빠르게 날아가는 KF-16을 실제로 타보면 어떨까요? 실제로 타본 후배 기자에 따르면 생각보다 편안하고 움직임이 경쾌하다고 합니다. 땅에서 보면 완만한 경사로 하늘을 올라가는 것 같지만 실제로 타면 순식간에 솟구쳐 오르는 느낌을 받는다고 하네요. 전체적으로는 '아주 날렵한 비행기'라는 평가를 내렸습니다. 공군 조종사를 꿈꾸는 어린이 여러분이라면 아마 나중에 저보다 더 자세히 느낌을 알 수 있지 않을까요?

KF-16은 우리 공군의 실질적인 주력 전투기입니다. 뛰어난 기동성과 성능으로 다양한 임무를 수행하며 대한민국의 하늘을 든든하게 지켜주는 수호천사 같은 존재라고 할 수 있겠습니다.

길이×너비×높이		14.8m×9.8m×5.01m
엔진		F100-PW-229
최대 이륙 중량		약 19톤
최고 속도		마하 2.0 이상
최대 항속거리		약 3,900km
최대 무장 능력		6.9톤
무장	공대공 미사일	AIM-9M, M-120B,
	공대지 미사일	AGM-65G, AGM-88
	공대함 미사일	AGM-84
	정밀 유도 폭탄	GBU-31(V)1 'JDAM'
	기총	M61A1 기관포

Ⅰ KF-16 파이팅 팰콘 제원

대한민국 대표 전투기
- F-15K 슬램 이글(Slam Eagel) 전투기

세계 최강의 공군을 갖춘 나라는 단연 미국입니다. 많은 나라들이 미국 전투기를 사용하고, 미 공군의 전술을 따라가는 것은 어

찌 보면 당연하죠.

우리 공군이 운용하는 미국 전투기 가운데 가장 대표적인 것으로는 KF-16과 F-35A 프리덤 나이트(Freedom Knight), 그리고 이제 소개할 F-15K 슬램 이글(Slam Eagel)이 있어요. 이 가운데 가장 최근에 도입된 F-35A를 제외하면 그동안 우리 하늘을 지키는 주력 전투기는 KF-16과 F-15K랍니다.

그런데 왜 하나가 아닌 두 종류의 전투기를 주력으로 꼽을까요? 이를 이해하기 위해선 조금 어려운 개념인 미 공군의 '하이-로우 믹스(High-Low Mix)'를 소개해야 하는데요. 쉽게 말하자면 고가·고성능의 하이엔드 전투기로 전략적인 목표를 수행하고, 비교적 저가·경량의 로우엔드 전투기로 하이엔드 전투기를 보조·호위한다는 것이 하이-로우 믹스 개념이죠. 미 공군의 전술을 따라가는 우리 역시 이 하이-로우 믹스를 활용하고 있고, 앞서 소개한 KF-16이 로우 역할을 맡고 있죠.

F-35A와 함께 하이엔드 전투기 임무를 수행하는 F-15K가 KF-16과 가장 크게 다른 점은 아무래도 '엔진 구성'이 아닐까 싶어요. KF-16이 한 개의 엔진, 즉 '단발 엔진'인데 비해 F-15K는 2개의 엔진을 사용하는 '쌍발 엔진'이거든요. 쌍발 엔진을 사용하는 이유는 F-15K가 원래 '전폭기'로 제작됐기 때문입니다.

현대 공군의 작전에서 전투기는 크게 '제공기'와 '전폭기'로 나눌 수 있어요. 제공기는 적과 하늘에서 맞서 싸우는 전투기를 뜻하고 전폭기는 지상에 폭탄을 떨어뜨려 폭격하는 전투기를 의미하죠.

역할이 다르다 보니 특징도 차이가 있는데요. 제공기는 빠르고 기동성이 좋지만 무장이 다소 빈약한 반면 전폭기는 많은 무장을 장착할 수 있는 대신 속도가 느리죠. F-15K는 전폭기의 단점을 줄이기 위해 2개의 엔진을 사용해 더 많은 무장을 싣고 보다 빠르게 비행할 수 있도록 설계됐어요. 두 엔진이 뿜어내는 강한 힘 덕분에 F-15K는 10.5톤의 폭탄을 싣고 1,800㎞ 이상의 전투 반경을 소화할 수 있어요.

자세한 무장을 알아볼까요? 먼저 공중의 적을 제압하는 제공기 임무를 수행할 수 있도록 AIM-120 암람 공대공 중거리 미사일을 무장할 수 있어요. 이를 통해 적 전투기보다 먼저 보고, 먼저 쏴 격추할 수 있는 능력을 지니고 있죠. 가까운 거리에서 교전할 경우를 대비해 기동성이 좋은 단거리 교전엔 AIM-9X 슈퍼 사이드와인더 미사일을 활용하고 초근접전에 대비해 20㎜ 기총도 장착했죠.

이번엔 전폭기 임무를 위한 무장을 살펴볼게요. 장거리 정밀 유도 타격이 가능한 SLAM-ER 공대지 미사일과 위성항법 장치(GPS)가 달려 목표 지점을 정밀 폭격할 수 있는 JDAM 합동정밀직격폭탄이 대표적이에요. 여기에 초장거리 폭격이 가능한 KEPD 350 타우러스 공대지 순항미사일도 매우 위협적이죠.

강력한 힘을 가진 전투기인 만큼 조종사의 능력을 최고로 끌어올릴 장비도 있답니다. 대표적인 것이 마치 영화 〈아이언 맨〉처럼 헬멧에 각종 정보가 훤히 보이는 헬멧 장착 시연 장비입니다. 조종사는 이 장비를 통해 목표물을 보고 스위치를 눌러 무기, 레이더, 센서 등을 조종할 수 있어요. 또 비행 데이터가 화면에 투사돼 항공기 주변 360도 모든 상황을 인식할 수 있죠. 또 현장의 데이터를 기지, 다른 항공기와 실시간으로 주고받을 수 있는 Link-16 전술 데이터 링크 시스템은 전투기 편대(팀)가 한 몸처럼 움직일 수 있도록 해요. 이 밖에 뛰어난 레이더와 전방 감시 적외선 장비 등은 F-15K가 365일 밤낮없이 제공기와 전폭기 임무를 모두 수행할 수 있는 힘이 된답니다.

도입 당시 F-15K는 해외에 판매된 F-15 계열 전투기 가운데 처음으로 미군 사양보다 업그레이드된 기체로 유명했습니다. 2010년 중반까지는 동아시아에서 가장 강력한 전투기란 평가를 받기도 했죠. 하지만 시간이 지나면서 그 자리는 F-22와 F-35에 넘겨줬지만 여전히 충분한 기량을 갖추고 있습니다. 공군이 2022년부터 F-15K 업그레이드에 나선 것도 이런 이유죠. 앞으로도 F-15K는 상당 시간 우리 하늘을 누비며 활약할 것으로 보여요.

길이	19.4m		
너비	13.1m		
높이	5.6m		
최고 속도	마하 2.5		
최대 작전 반경	1,800km		
최대 무장 능력	10.5톤		
무장	공대공 미사일	AIM-120 암람 공대공 중거리 미사일 등	
	공대지 미사일	SLAM-ER 공대지 미사일 등	
	공대함 미사일	하푼 공대함 미사일	
	기타	헬멧 장착 시연 장비	
		Link-16 전술 데이터 링크 시스템	
		레이더 등	

| F-15K 슬램 이글 제원

우리 힘으로 만든 초음속 전투기
- FA-50 파이팅 이글 전투기

전투기는 만든 나라의 모든 첨단 기술이 총동원된 '기술의 집약체'라고 할 수 있습니다. 음속을 뛰어넘는 엄청난 속도로 하늘을 나는 비행기를 만든다는 것, 거기에 첨단 무기체계와 레이더를 장

착해 버튼 하나로 이를 연동한다는 것은 정말 어려운 일입니다. 즉 전투기를 만들 수 있고, 그 전투기가 어떤 성능을 가지고 있느냐는 한 나라의 기술력과 국력을 가늠할 수 있는 척도가 될 수 있다는 것이죠.

그러다 보니 전투기 제작에는 상상을 초월하는 시간과 노력, 자본이 투입됩니다. 하지만 이는 당연한 일일 뿐, 많은 시간·노력·자본을 쏟아부어도 제대로 된 전투기를 만든다는 것은 쉽지 않죠. 어지간한 기술력을 갖추지 않고서는 쉽게 도전할 수 없는 것이 전투기 제작입니다.

하지만 우리나라는 이 어려운 일을 해내는 데 성공했습니다. '파이팅 이글(Fighting Eagle)'이란 애칭으로 불리는 FA-50 전투기가 주인공인데요. 대한민국을 자체 기술로 초음속 전투기를 개발한 열두 번째 나라에 등극하게 한 FA-50에 대해 알아보겠습니다.

FA-50은 T-50 골든 이글 고등훈련기를 모체로 하고 있습니다. T-50을 무장 장착할 수 있게 약간 개조하면 FA-50이 된다고 봐도 됩니다. T-50은 탄탄한 기본기와 성능을 갖추고 있어 전투기 전환도 어렵지 않았다는 평가를 받고 있습니다. 세계를 누비며 곡예비행을 하고 있는 공군 특수비행팀 '블랙이글스(Black Eagles)'도 T-50B를 운용하며 우수성을 입증하고 있죠.

T-50을 기반으로 만든 FA-50의 성능을 살펴볼까요? FA-50의 장점은 지상과 공중 모든 곳에서 전투를 할 수 있다는 점입니다. 주요 무기체계는 적 전투기를 요격하는데 단거리 공대공 미사

일인 AIM-9 사이드 와인더입니다. 지상 공격력도 출중한데요. FA-50은 공대지 정밀 유도 폭탄 GBU-31(J-DAM), 한국형 GPS 유도 폭탄(KGGB), 공대지 유도탄 AGM-65 매버릭 등 다양한 지상 공격 능력을 갖추고 있습니다. 적 전투기의 뒤를 잡아 공격하거나 저공 비행하며 적 육군 전력을 초토화할 수 있는 기총으로는 20㎜ 3열 개틀링(Gatling) 형태로 구성된 기관포가 장착됐습니다.

 무장도 중요하지만 전투기 기술의 핵심은 조종사의 전장 상황 인식 능력을 돕는 '전술 데이터 링크'입니다. 최대한 안전하게 비행하며 다른 전력들과 호흡을 맞춰야 하기 때문입니다. FA-50에는 우리 군이 연합·합동작전에 사용하는 군사전술자료 교환 네트워크인 링크(Link)-16 체계가 탑재됐습니다. 링크-16은 적군 탐지, 공격 목표 지정, 교전·통제 명령 등을 실시간으로 전파해 임무 성공률 향상을 돕는 중요한 시스템입니다. 이를 통해 FA-50은 우리 육·해군은 물론 미군 등 연합군과 효과적인 작전을 펼치고 있죠.

 FA-50을 '5세대'로 분류되는 F-22 랩터나 F-35 라이트닝Ⅱ 같은 세계 최정상급 전투기와 비교하기엔 무리가 있습니다. 하지만 같은 4세대 전투기 안에서는 "전혀 부족함이 없다"는 평가를 받고 있죠. 과거 취재 중 만난 공군 FA-50 파일럿은 "동급 전투기와 비교해도 FA-50은 기동 능력이 뛰어나고, 고성능의 장비를 가지고 있다"고 말하기도 했습니다.

 FA-50은 이런 성능을 인정받아 인도네시아, 필리핀, 태국, 말

레이시아, 이라크, 폴란드 등 여러 나라에 수출됐죠. 일부 국가는 성능에 크게 만족하며 추가 주문을 하기도 했어요. 이렇게 세계로 뻗어나가고 있는 FA-50은 현재 개발 중인 4.5세대 국산 전투기 KF-21 보라매와 함께 오랜 시간 영공을 지킬 것으로 보입니다.

승무원		2명
길이		13.14m
너비		9.45m
높이		4.82m
자체 무게		6479kg
최대 무장 능력		4.8톤
주요 무기	대공	AIM-9 사이드 와인더 단거리 공대공 미사일
		20mm 3열 기관포
	대지	GBU-31(J-DAM) 공대지 정밀 유도 폭탄
		한국형 GPS 유도 폭탄(KGGB)
		AGM-65 매버릭 공대지 유도탄

︳FA-50 파이팅 이글 전투기 제원

세계 최고 전투기, 대한민국을 지키다
- F-35A 프리덤 나이트 전투기

 대한민국 공군이 운용하는 많은 전투기 가운데 '가장 강한 전투기'는 무엇일까요? 조건에 따라 다를 수 있겠지만 '1 대 1'만 가정해 본다면 F-35A 프리덤 나이트(Freedom Knight) 스텔스 전투기가

단연 최강이라고 말할 수 있어요. 세계에서도 두 손가락 안에 꼽히는 강력한 전투기, F-35A에 대해 알아보겠습니다.

F-35A 프리덤 나이트 전투기는 F-35 계열 전투기의 기본형입니다. 프리덤 나이트 역시 우리나라에서 사용되는 애칭이죠. 앞서 이야기한 것처럼 F-35A 전투기는 우리 군이 가진 단일 무기체계 가운데 최고의 위력을 가지고 있어요. 레이더에 잡히지 않는 스텔스 기능과 우월한 공대공 미사일을 기반으로 하늘을 점령한 채 적의 주요 기지를 폭격하는 등 전쟁 전반을 지배할 수 있는 치명적인 역할을 수행하기 때문에 우리 군에서는 '전략무기'로 분류되고 있죠. 이런 이유로 우리 공군에서는 F-35A 전투기에 대한 상세한 정보를 공개하지는 않는답니다. 그래서 제조사인 미국 록히드마틴과 주요 운용 국가인 미국의 정보를 활용할 수밖에 없어요.

F-35A 전투기는 5세대 전투기로 분류돼요. 우리 공군의 주력기인 F-15K, KF-16, FA-50가 4세대, 우리 기술로 개발 중인 KF-21이 4.5세대 전투기니 그보다 앞선 기술력이 적용됐다는 것을 쉽게 추리할 수 있죠.

조금 구체적으로 살펴볼까요? 우선 자타공인 세계 최강의 전투기로는 F-22 랩터가 꼽힙니다. F-22 랩터의 가장 큰 장점은 상대를 찾아볼 수 없는 공중 장악력이죠. 2006년 미 공군은 흥미로운 모의 공중전을 했는데요. F-22와 F-15로 구성된 블루팀과 F-15, F-16, F/A-18이 한 팀이 된 레드팀이 공중전을 벌인 결과 241 대 2로 블루팀이 승리했습니다. 엄청난 기록이죠. 심지어 레드팀은 공중에서 상대를 찾아내 정보를 제공하는 E-3 조기경보기의 도움을 받았는데 말이죠. 여기서 F-22의 전적은 114 대 0, 말 그대로 퍼펙트(Perfect)였습니다. "외계인이 침공하면 F-22로 상대하면 된다"는 농담이 괜히 나온 것이 아니죠.

F-35는 그 다음가는 위력을 가진 전투기로 꼽힙니다. 특히 같은 스텔스 전투기에 맞서는 '카운터 스텔스(Counter Stealth)' 장비는 오히려 F-22를 능가한다는 평가죠. 무엇보다 F-35의 장점은 F-22가 갖지 못한 다재다능함입니다. '다목적 전투기'로 불리는 F-35는 '공중우세 전투기'인 F-22와는 분류부터 다르죠. 즉 F-35는 어떤 미사일·폭탄을 장착하느냐에 따라 하늘을 장악할 수도, 적 주요 지역에 엄청난 위력의 폭탄을 투하할 수도 있어요. 또 F-22가 워낙 '무적' 이미지가 강해서 그렇지 F-35를 상대할 수 있는 전투기 역시 찾아보기 힘든 것도 사실이고요. 미국만 운용하는 F-22와는 달리 수출도 가능하고요. 많은 나라들이 F-35 도입에 관심을 가지는 이유는 바로 이 '강력한 범용성'에 있답니다.

그럼 우리가 운용하는 F-35A의 성능을 알아볼까요? 우선 길이 15.7m, 너비 10.7m, 높이 4.6m로 F-15K보다는 작지만 KF-16보다는 큰 중간 사이즈입니다. 일부 군사 마니아들은 통통한 몸매가 마치 '참새' 같다고 평가하기도 하죠. 그래도 15km 상공에서 마하 1.6의 최고 시속으로 최대 2,222km를 비행할 수 있어요.

표준 무장으로는 AIM-120 암람 중거리 공대공 미사일 2발과 GBU-31 JDAM 공대지 폭탄 2발을 탑재할 수 있어요. 필요에 따라 다른 공대공·공대지 미사일, 공대지 폭탄을 장착할 수 있죠. 특히 F-35A에는 GAU 계열 25㎜ 기관포가 장착돼 혹시 모를 근접전도 대비할 수 있죠.

가장 큰 특징은 적 레이더 포착을 막는 스텔스 기능이에요. 무장과 연료를 전투기 내부에 탑재한 설계와 특별히 설계된 레이더파 흡수 도료로 외부를 칠한 덕분이죠. 레이더와 항공전자장비 성능 역시 F-22 못지않다는 평가를 받고 있습니다.

비록 '세계 최강'이란 칭호는 F-22에 돌아갔지만 F-35는 '미래가 더 기대되는 전투기'로 각광받고 있어요. 이런 강력한 전투기를 보유하게 된 우리 공군의 힘도 그만큼 더욱 커지겠죠? 자유를 지키는 기사, F-35A 덕분에 우리의 하늘은 한층 더 안전해졌답니다.

길이	15.7m	
너비	10.7m	
높이	4.6m	
최고 속도	마하 1.6	
엔진	F135-PW-100	
최대 무장 능력	8.2톤	
무장(표준 무장)	공대공 미사일	AIM-120 암람 중거리 공대공 미사일 2발
	지대공 폭탄	GBU-31 JDAM 공대지 폭탄 2발
	기총	GAU 계열 25㎜ 기관포

| F-35A 프리덤 나이트 스텔스 전투기 제원

하늘 위의 주유소
- KC-330 시그너스 다목적 공중급유 수송기

 그 동안 우리는 무언가를 공격하는 용도의 무기 혹은 무기체계를 살펴봤는데요. 이번 주인공은 직접 공격이 아닌 공격을 돕는 지원 전력, 즉 '서포터' 입니다. 그것도 엄청나게 큰 서포터죠. 바로 공군의 다목적 공중급유 수송기 KC-330 시그너스(Cygnus)입니다.

시그너스는 별자리 가운데 '백조자리'를 뜻합니다. 공군은 2019년 첫 도입 당시 애칭을 고민하다가 국군 장병을 대상으로 공모를 했는데요, 설문조사와 심의 끝에 붙인 것이 바로 시그너스입니다. 백조처럼 매끈한 모습과 우아한 착륙을 이미지화했고, 물속에서 발을 끊임없이 움직이는 백조의 모습이 보이지 않는 곳에서 우리 하늘(영공) 방위에 기여한다는 점 등을 이유로 꼽았다고 하네요.

공중급유 수송기 도입은 우리 공군의 오랜 숙원이었다고 해요. 전쟁이라고 하면 우리는 총, 포탄을 쏘며 공격하는 모습을 상상하기 쉽습니다. 그런데 공군은 왜 총 한 자루 달리지 않은 이 비행기를 원했을까요? 바로 전투기의 전투력과 행동반경을 획기적으로 늘려줄 수 있기 때문이에요.

시그너스의 본질은 전투기가 하늘을 나는 데 필요한 기름, 항공유를 하늘 위에서 바로 넣어주는 '공중급유'에 있습니다. 이는 전투기가 하늘을 나는 시간을 크게 늘려줄뿐더러 항공유를 넣을 자리에 무기를 장착할 수 있기 때문에 전투력도 늘어나게 되죠. 예를 들어볼까요? 공군 기지에서 전투기 1대가 이륙한다고 생각해보죠. 그런데 이 전투기가 독도 같은 먼 거리에서 긴 시간 작전을 해야 할 경우, 연료가 부족할 수도 있어요. 그러면 어쩔 수 없이 원래 기지로 돌아가거나 가까운 기지에 착륙해 다시 항공유를 보충해야 하죠. 마치 기름이 떨어진 자동차가 주유소를 가듯 말이에요. 그런데 주변에 시그너스가 하늘을 날고 있다면 어떨까요? 시그너스에 급유를 요청하고, 약속된 장소에 가면 착륙하지 않고 하늘 위에서 항공유를 보충해 바로 다시 작전에 투입될 수 있죠. 24만 5,000파운드(약 111톤)의 연료를 실을 수 있는 KC-330은 자신이 사용할 연료를 제외한 모든 연료를 다른 비행기들에 줄 수 있는 말 그대로 '하늘의 주유소'입니다. 현재 우리 공군의 주력 전투기는 앞서 소개한 KF-16과 F-15, 최신 전투기인 F-35A가 있는데요. 연료를 가득 채운 시그너스 1대는 4시간 비행을 기준으로 F-15K는 약 10대, F-35A는 약 15대, (K)F-16은 약 20대에게 연료를 나눠줄 수 있다고 하네요. 실제로 시그너스 덕분에 우리 공군 전투기는 해외 훈련에 참가할 때 중간 기지 착륙 없이 한 번에 목적지까지 갈 수 있게 됐다고 합니다.

시그너스의 가장 큰 특징은 역시 '공중급유 장치'입니다. '붐(Boom)'이란 이름을 가진 이 장치는 마치 잠자리 꼬리같이 생겼는데요. 평소에는 시그너스 안에 들어가 있다가 공중급유를 할 때만 길게 빠져나온답니다. 최대 18.57m까지 뻗어 나올 수 있죠.

이 붐을 전투기의 연료 탱크에 연결하면 바로 급유를 할 수 있는데, 사실 시속 290노트(530km)에 이르는 엄청나게 빠른 속도로 비행하면서 서로를 연결하는 것은 굉장히 정교한 작업이에요. 여기서 시그너스의 또 다른 장점인 '카메라 박스'와 '3D 입체조종 장비(콘솔)'이 중요한 역할을 한답니다.

미국의 KC-10, KC-135를 비롯한 다른 공중급유기 대부분은 공중급유를 할 때 이를 담당하는 사람이 눈으로 직접 확인하고 있어요. 그러다 보니 엄청나게 많은 경험을 가진 사람만이 급유를 성공적으로 할 수 있죠. 물론 그 과정에서 실수가 있을 수 있고요. 하지만 시그너스는 비행기 아래에 5개의 카메라로 구성된 카메라 박스를 장착하고 있답니다. 먼저 2대의 3D 카메라는 카메라의 영상을 모아 3D 화면을 구성해 급유를 맡는 공중급유 통제사의 콘솔에 입체 영상을 제공해요. 나머지 3대는 급유를 위해 시그너스 뒤에서 비행하는 다른 비행기의 위치와 이동을 넓게 볼 수 있는 파노라마 카메라죠. 카메라 박스의 영상은 최대 6배까지 확대할 수 있어 더 정교한 임무가 가능하답니다.

이 영상들은 3D 입체 콘솔로 전달되는데요. 앞서 이야기한 공중급유 통제사는 입체 화면을 볼 수 있는 특수선글라스를 쓰고, 급유를 받을 비행기가 제자리에 오면 붐 스틱을 조종해 지름 10㎝의 급유구에 연결하게 됩니다. 그냥 눈으로 보고 연결하는 것보다 훨씬 빠르고 정확하게 할 수 있게 되는 것이죠.

시그너스는 민간 항공기인 에어버스사(社)의 A330을 개조해 만든 비행기랍니다. 그래서 내부 역시 여러분들이 타보셨을 여객기와 똑같이 생겼죠. 최대 300여 명을 실을 수 있고, 47톤에 달하는 화물도 운송할 수 있어요.

그런데 잠깐. 맨 처음에 우리는 시그너스를 어떻게 불렀죠? 바로 '다목적' 공중급유 수송기였어요. 왜 다목적일까요? 답은 바로 위에 있답니다.

시그너스에는 300명이 넘는 사람이 탈 수 있어요. 또 연료를 많이 신기 때문에 한 번에 7,400km(65톤 적재 기준)를 비행할 수 있죠. 많은 사람을 실을 수 있고, 먼 거리를 비행하는 이런 장점을 살려 다양한 수송 임무를 할 수 있다는 이야기죠. 특히 최근에는 시그너스를 투입하는 임무가 많았는데요. 코로나19 사태가 벌어졌을 때 긴급히 백신을 외국에서 수송해 오거나 해외로 나가는 부대를 안전하게 싣고 가기도 했죠. 특히 얼마 전 일어난 이스라엘-하마스 전쟁이나 수단 내전, 아프가니스탄 철수 같은 긴급 상황이 벌어졌을 때 현지에 있는 우리 국민을 안전히 데려오는 데 엄청난 공을 세웠답니다.

공군은 현재 4대의 시그너스를 운용하고 있어요. 시그너스는 공군을 더 강하게 만들어 주는 동시에 국민을 위해 헌신하는 정말 고마운 비행기랍니다.

길이	58.8m
너비	60.3m
높이	17.4m
최고 속도	마하 0.86
항속거리	7,400km(64톤 적재 기준)
탑재 중량	화물 47톤, 인원 300여 명, 급유 능력 24만 5,000파운드(111톤)
최대 이륙 중량	233톤

| KC-330 시그너스 다목적 공중급유기 제원

55년간 하늘을 지킨 '유령'

- F-4 팬텀 전투기

50년이 넘게 대한민국의 하늘을 지킨 전투기를 아시나요? '유령'과 같은 은밀한 기동력과 최전성기 상대를 찾아볼 수 없는 강

력한 화력으로 우리나라를 '동아시아 최강의 공군력 보유국'의 자리로 단번에 올린 F-4 팬텀(Phantom) 전투기가 그 주인공입니다.

F-4 전투기는 1969년 처음으로 한국 땅을 밟은 미국 전투기입니다. F-4 전투기의 도입 배경에는 당시의 긴박했던 안보 상황이 있었죠. 1968년에는 김신조로 대표되는 북한의 특작 부대가 대통령이 머무는 청와대 습격을 시도한 '1·21 사태'가 벌어졌어요. 1·21 사태 이틀 뒤에는 미국의 정보함 푸에블로호가 북한에 납치되기도 했죠. 이렇게 북한의 위협이 커지는 상황이었지만 우리는 미국의 요청을 받아 베트남전쟁에 장병들을 내보내 전력이 약화된 상태였죠. 이에 정부는 베트남 파병 부대를 귀국시키려고 했고, 베트남에서 고전하던 미국은 이를 막기 위해 정부가 원한 당시 최강의 전투기 F-4를 제공했어요. 요즘 말로 하면 절박한 안보 상황을 반전시킬 '게임 체인저(Game Changer)'였죠.

지금이야 F-22나 F-35 같은 첨단 전투기가 최강의 자리에 군림하고 있지만 1970년대만 해도 F-4 전투기는 엄청난 위용을 과시했답니다. 동아시아에서 처음으로 F-4 전투기를 보유하게 되자 "공중에서는 적수가 없다"는 평가를 받을 정도였죠.

그러면 F-4 전투기가 한때 최강의 반열에 올랐는지 알아볼까요? 가장 큰 장점은 최대 속도 마하 2.4로 날아다니는 기동력입니다. 그런데 여기에 최대 8톤이 넘는 각종 폭탄과 미사일을 싣고 지상을 폭격할 수 있기 때문에 전투기와 폭격기 역할 모두가 가능했죠.

이런 F-4 전투기도 처음엔 약점이 있었는데요. 바로 기관포가 없어 전투기끼리의 근접전, 이른바 '도그파이트(Dogfight)'가 약하다는 것이었어요. 개발 당시 미국은 "마하 속도로 비행하는 전투기끼리 싸우는데 기관포가 무슨 소용이냐?"는 회의론과 함께 "멀리서 적 전투기를 포착해 미사일로 요격하기만 하면 된다"는 '미사일 만능주의'에 빠졌거든요. 하지만 베트남전쟁에서 경쟁국인 러시아 전투기와의 도그파이트에서 열세에 놓이자 이후 모델에서 기관포를 달았어요. 우리나라에 온 F-4 전투기도 초기엔 기관포가 없다가 나중에 생겨났죠.

그래도 F-4 전투기의 화력은 어마어마했습니다. 전폭기답게 다양한 무장을 장착할 수 있지만 그중에서 제일 유명한 건 AGM-142H 팝아이예요. 우리나라에서는 발음을 변형해 '뽀빠이'란 애칭으로 부르는 이스라엘제 공대지 미사일 팝아이는 최대 112km 떨어진 목표물을 1m 이내의 정확도로 타격할 수 있죠. 미사일 전체 무게는 1.3톤, 탄두 중량이 350kg에 달해 1.5m 두께의 철근 콘크리트를 관통할 수 있어요. 팝아이는 사거리가 270여 km에 달하는 슬램-ER이나 500km의 타우러스 미사일이 나오기 전까지는 가장 강력한 무기로 꼽혔습니다. 특히 팝아이의 파괴력은 탄두 중량이 230kg인 후속 모델 슬램-ER도 따라잡지 못했죠. AIM-7 스패로우 중거리 공대공 미사일은 적 전투기를 멀리서 요격하는 핵심 무기였어요.

2명의 승무원이 탑승하는 F-4는 길이 19.2m, 날개 길이

11.8m입니다. 여기에 터보제트 엔진 2개를 장착해 최대 3만 5,800파운드의 힘을 낼 수 있어요. 우람한 크기와 강력한 파워로 유명했죠. 또 당시 최고라고 인정받던 AN/APQ-72 레이다와 AAA-4 적외선 탐지·추적 장비를 탑재해 적을 빠르게 잡아낼 수 있었어요.

F-4 전투기는 오랜 시간 비행하며 공군 조종사들의 낭만으로 자리 잡았답니다. 하지만 시간이 지나면 역사 속으로 사라지는 법. F-4 전투기는 작년 6월 7일 마지막 비행을 끝으로 많은 이들의 배웅을 받으며 퇴역했답니다. 결국 50년 넘게 시대를 풍미했던 F-4는 후배 전투기들에 자리를 양보하고 떠나게 됐지만, 어려운 시절 대한민국을 지킨 그 헌신은 영원히 기록으로 남을 거예요.

길이	19.2m
너비	11.8m
높이	5.0m
엔진 추력	3만 5,800(1만 7,900×2) 파운드
최고 속도	마하 2.4
최대 무장 능력	약 8톤
무장	AGM-142H 팝아이 공대지 미사일, AIM-7 스패로우 공대공 미사일, 기관포 등

| F-4 팬텀 전투기 제원

하늘 위의 전투지휘소
- E-737 피스아이 공중조기경보통제기

전쟁은 아주 먼 옛날부터 존재했습니다. 처음엔 사람들끼리 뒹굴며 싸우는 수준이었지만 날로 전쟁의 양상은 복잡·다양해지

고 있죠. 그 결과 점점 중요해진 것은 '지휘'입니다. 일사불란한 움직임으로 적의 약점을 찌르고, 아군의 피해를 최소화하기 위해서인데요. 그래서 지휘관(장수), 나아가 지휘를 위한 본부인 지휘소가 승패를 좌우하는 핵심 요소가 되고 있어요.

앞서 소개한 육군의 무기체계들은 육군이 지휘소를 통해 체계적인 작전을 펼치고 있다는 사실을 암시하고 있는데요. 그렇다면 하늘에서 벌어지는 공군의 전투도 지휘소가 있어야 하지 않을까요? 이제 만나볼 E-737 피스아이(Peace Eye) 항공통제기가 바로 그 역할을 하고 있어요.

피스아이는 별명부터 '하늘의 지휘소'입니다. 한번 이륙하면 8시간 이상 비행하며 한반도 곳곳을 살펴볼 수 있는 탐지 능력을 갖췄죠. 피스아이가 가진 능력의 핵심은 동시에 3,000여 개의 표적을 추적할 수 있는 다기능 전자식 위상배열(MESA, Multi-role Electronically-Scanned Array) 레이더예요.

항공기 위에 길게 부착된 MESA 레이더는 탐지 기능에 따라 360도 전방위를 감시하는 '일반 모드'와 특정 구역을 확대해 들여다보는 '강조 모드', 특정 구역을 집중감시 하는 '집중 모드' 등으로 운영할 수 있어요. 이는 지상에서 탐지하는 방공레이더가 가진 한계를 극복할 수 있죠. 또 일반 레이더의 포착 범위를 피하기 위해 먼 거리나 낮은 고도에서 날아오는 물체도 정확히 잡아낼 수 있답니다.

이렇게 피스아이는 MESA 레이더를 활용해 어떤 사각도 없이 360도 모두를 탐지할 수 있죠. 탐지 반경도 370㎞, 집중감시 탐지 거리는 무려 740㎞에 달해요. 이렇게 탐지한 정보는 링크-16(Link-16) 전술 데이터 링크 체계를 이용, 실시간으로 아군 및 연합군에 전달해 모두가 상황을 공유할 수 있게 돼요. 실제로 E-737 항공통제기는 북한이 발사한 미사일은 물론 심지어 중국의 인공위성까지 감지해 내는 뛰어난 능력을 선보였죠. 탐지한 물체 중 여럿이 국가 안보에 큰 영향을 주는 것이라 공개하지 않았을 것이라 추측하면 성능은 더 놀라울 것으로 보여요.

피스아이는 단순히 탐지·감시 능력만 갖춘 것이 아니랍니다. '하늘의 지휘소'란 별명이 붙은 가장 큰 이유는 높은 하늘 위에서 빠르게 날아다니며 우리 군을 지휘할 수 있는 능력을 갖췄기 때문이에요.

맨 처음 이야기한 것처럼 지휘체계는 나날이 중요해지고 있어요. 그래서 이제 전쟁이 나면 땅 위의 지휘통제체계와 레이더 기지는 적의 최우선 공격 목표 중 하나가 됩니다. 만에 하나 적의 공격으로 이런 지상 시설이 파괴될 경우도 분명 존재합니다. 피스아이는 파괴된 레이더 기지를 대신해 지역 단위 방공감시 임무를 할 수 있고, 지상 지휘통제체계가 마비되더라도 공중에서 그 역할을 맡을 수 있어요. 비행고도 12.5㎞, 항속거리 7,040㎞, 최대 시속 853㎞에 이르는 탁월한 이동성은 이를 가능케 하죠.

피스아이의 덕목 가운데 하나는 링크-16 전술 데이터 링크 체계를 기반으로 한 중첩감시와 정보공유에 있어요. 해군의 이지스 구축함, 육·공군의 지상 레이더, 주한미군의 감시체계 등과 연동해 각자가 수집한 정보를 실시간으로 공유하는 것이죠. 또 이렇게 모인 정보를 정확히 판단해 지상의 지휘통제시스템을 거치지 않고 공군 전투기에 직접 전달함으로써 공중전에서 압도적인 우위에 설 수 있도록 한답니다. 링크-16 체계를 갖추지 못한 무기체계에도 음성통신을 활용한 정보공유·통제가 가능하기 때문에 공중은 물론 해상, 근접항공지원, 특수작전 등을 지휘할 수 있어요. 공중감시·조기경보 등 평시 주요 임무 외에도 국가급 행사의 경호 임무를 수행하며 대한민국의 위상을 높이고 있답니다.

피스아이란 별명은 일반 국민·국군 장병을 대상으로 한 공모전에서 1등을 한 작품인데요. '한반도의 평화를 수호하는 감시자'라는 속뜻을 담고 있답니다. 총 4대가 교대로 운용되며 24시간 한반도의 평화를 지키는 눈, 피스아이는 우리 군은 한 걸음 더 진보한 첨단 정보화 군으로 거듭나게 한 무기체계예요.

길이	33.6m
폭(날개 포함)	34.3m
높이	12.5m
최고 시속	853㎞
최대 비행시간	9시간
항속거리	7,040㎞
비행고도	12.5㎞
주요 감시체계	다기능 전자식 위상배열(MESA) 레이더
주요 통신체계	링크-16(Link-16) 전술 데이터 링크 체계

| E-737 피스아이 항공통제기 제원

4
전투기만 있는 게 아니야!

: 육·해군 항공기들

바다 위를 누비는 잠수함 킬러
- P-3C 오라이언 해상초계기

잠수함을 전쟁 전반에 영향을 줄 수 있는 '전략무기'라고 소개했던 것 기억하시나요? 바닷속에서 몰래 숨어 들어와 주요 시설을

공격하고 다시 숨어버리는 잠수함은 가장 치명적인 무기체계로 꼽힙니다.

하지만 이런 잠수함에도 천적이 있어요. 바로 하늘을 날아다니며 잠수함을 발견, 격침하는 대잠초계기죠. '대잠(對潛, 잠수함을 상대하는 것)'이라는 이름 자체에서 이 항공기의 용도를 짐작할 수 있죠.

세계에는 수많은 잠수함만큼 다양한 대잠초계기가 있어요. 그 가운데 가장 유능한 '잠수함 사냥꾼'으로 인정받는 주인공이 우리 해군이 운용하고 있는 P-3C 오라이언(Orion) 대잠초계기랍니다.

사실 P-3C는 앞서 살펴본 공군 전투기와 달리 겉으로 보기엔 그저 그런 비행기같이 생겼답니다. 하지만 그 안에는 대단한 장비들을 갖추고 있죠. 커다란 기체에 많은 연료를 담고 날아다니기 때문에 무려 16시간 동안 공중에서 임무를 수행할 수 있어요. 또 다양한 잠수함 탐지 수단을 통해 바닷속을 샅샅이 살펴보며 잠수함의 흔적을 찾을 수 있죠. 만약 잠수함을 발견하면 어뢰를 이용해 공격하죠. 하푼 유도탄을 이용해 적 함정을 요격하거나 정말 필요한 경우 지상 표적도 공격하기도 해요. 바닷속에 심어두는 폭탄인 기뢰를 부설하는 기뢰전도 가능하고요. 전자광학장비(EO), 적외선 탐지장비(IR)를 활용한 탐색·구조 임무도 할 수 있어요. 즉 P-3C는 대잠·대수상·대지·기뢰전을 모두 할 수 있는 다재다능한 해상 항공 전력이에요.

이제 P-3C의 구석구석을 살펴볼까요? 먼저 '심장' 역할을 하는 4,910마력의 터보프롭 엔진은 무려 4개나 달고 있어요. 즉 말 2

만 5,000마리만큼의 힘을 한 번에 낼 수 있다는 이야기죠. 이런 힘 덕분에 P-3C의 최대 시속은 761㎞에 달하지만, 꼼꼼히 바다를 살펴봐야 하는 초계 임무 때문에 우리 해군의 P-3C는 보통 시속 380㎞로 날아다닌답니다.

감각기관도 살펴보죠. P-3C에는 360도 전 방향으로 최대 370㎞까지 형상을 식별할 수 있는 역합성 개구 레이더(ISAR)와 잠수함으로 인한 온도 차를 영상화해 표적을 식별하는 적외선 탐지체계(IRDS), 위협 전자파를 탐지·식별·경고하는 전자전장비(ESM) 등 첨단 임무장비를 고루 갖추고 있어요. 특히 꼬리날개 뒤에 위치한 자기탐지기(MAD)는 잠수함에 의한 지자기(지구와 주변에 나타나는 자기장) 변화까지 탐지해 내 잠수함의 위치를 확인할 수 있게 해 준답니다.

가장 재미있는 것은 P-3C가 떨어뜨리는 소노부이(Sonobuoy, 음탐부표)인데요. 소노부이는 수중에서 음파 등 소리를 들을 수 있는 장비를 단 일회용 부표예요. 해군은 적 잠수함이 침투할 수 있는 지리적 요충지를 미리 파악해 주기적으로 P-3C로 '물속의 청진기'인 소노부이를 투하한답니다. 이를 통해 적 잠수함의 이동을 탐지하는 것은 물론, 해양환경 데이터를 축적하는 두 가지 효과를 거둘 수 있어요.

현재 우리 해군은 P-3C와 P-3CK란 두 기종을 운용하고 있어요. P-3C는 1995년 미국으로부터 도입한 기종이죠. P-3C를 운용하면서 그 중요성을 깨달은 해군은 2010년 기술을 사 와 국내에서 성능을 개량한 P-3CK도 만들었어요. 그리고 현존 최강의 대잠초계기인 P-8 포세이돈(Poseidon)도 우리 하늘을 날게 됐어요.

P-3C는 우리 해역의 경계라는 임무 특성 때문에 1년 365일 24시간 쉬지 않고 비행하고 있답니다. 물론 여러 대가 동시에, 교대로 비행하고 있기는 하지만 그만큼 막중한 임무를 수행하고 있는 것이죠. 우리가 잠든 사이, 바다 위를 날아다니며 평화를 지키고 있는 P-3C와 조종사들은 참 고마운 존재랍니다.

길이×너비×높이	35.61m×30.37m×10.27m
무게(공허 중량)	35톤
적재 중량	26.4톤
최고 속도	761km/h
최대 비행시간	16시간
항속거리	5,556km
작전 반경	4,407km
엔진	T56-A-14 터보프롭 엔진 4기
주요 장비	역합성 개구 레이더, 적외선 탐지체계, 전자전장비, 자기탐지기, 소노부이, 하푼 미사일, 기뢰 등

| P-3C 대잠초계기 제원

또 하나의 잠수함 킬러
- AW-159 와일드캣 해상작전 헬기

P-3C 대잠초계기를 '잠수함 킬러'라고 소개했는데요. 사실 우리 해군에는 또 다른 '잠수함 킬러'가 존재한답니다. AW-159 와

일드캣 해상작전 헬기가 그것이죠.

P-3C의 기본 임무는 24시간 쉬지 않고 바다 위를 비행하며 경계를 하는 것인데요. 이 과정에서 적 잠수함을 무작위로 발견할 수 있습니다. 하지만 해상작전 헬기는 이와 조금 다른 양상으로 임무를 수행하는데, 바로 적 잠수함 침투가 확실한 상황에서 이를 찾아내는 것이죠.

해상작전 헬기는 보통 해군 함정과 짝을 이뤄 임무를 수행해요. 함정 위에서 이륙한 헬기는 주변 바다에서 80피트(약 24m) 정도 높이로 날아다니며 수중형 음파탐지기, 디핑 소나(Dipping Sonar)를 투하해요. 긴 줄에 매달린 디핑 소나는 물속 300m까지 깊숙이 내려가 음파를 발사하죠.

음파탐지기인 소나는 음파를 이용해 물속 목표물의 방향과 거리를 알아내는 장비예요. 소나가 발사하는 음파는 초속 1,500m에 달하는 압력파로, 물속에서도 잘 전달되는 성질이 있죠. 하지만 온도에 따라 물속에서 음파가 휘어지는 단점도 있어요. 따라서 함정이 소나로 잠수함을 탐지할 때는 종종 음파가 휘어져 전달받지 못하는 구역도 생기죠.

반면 AW-159 와일드캣이 사용하는 디핑 소나는 잠수함과 같은 수심에서 탐색이 가능하며 함정보다 먼 거리에 있는 잠수함도 탐지할 수 있어요. 또 수상함이나 아군 잠수함보다 훨씬 빨리 탐색지점으로 이동할 수 있기 때문에 적의 입장에서는 헬기가 탐색하는 것을 알아도 피하기 쉽지 않죠. 무엇보다 대부분의 잠수함은 함정이나 상대 잠수함을 공격할 무기는 갖췄지만 헬기나 항공기를 공격할 마땅한 수단이 없기 때문에 속수무책으로 당할 수밖에 없죠. 마치 고양이(와일드캣) 앞의 쥐처럼 말이죠. 특히 AW-159 와일드캣은 먼저 운용하던 링스(Lynx) 해상작전 헬기보다 한층 더 발전한 디핑 소나인 '저주파 디핑 소나'를 사용해 탐지 거리가 2배 이상 늘었고, 탐지 면적도 4배 가까이 넓어졌죠. AW-159 와일드캣의 또 다른 특징은 헬기 최초로 P-3C가 운용하던 소노부이(부표형 음파탐지기)를 장착했다는 점입니다. 이로써 적 잠수함을 잡는 능력이 한층 더 강화됐죠.

  AW-159 와일드캣은 대수상함, 즉 적 함정을 상대할 때도 아주 유용하답니다. 바로 둥근 지구의 특성 때문이죠. 함정과 함정의 전투에서 가장 중요한 것은 상대 함정, 즉 표적의 위치를 찾아내는 것이죠. 이때 수상함에 장착된 대함 탐색레이더는 아무리 성능이 우수해도 둥근 지구의 곡률로 인해 20해리(약 37km) 안팎이 최대 탐지 거리가 돼요. 하지만 하늘에 떠 있는 헬기는 이런 영향을 전혀 받지 않아요. 특히 AW-159 와일드캣은 우리나라에 도입된 항공기 가운데 처음으로 최장 360km까지 탐지할 수 있는 능동위상배열 레이더와 전자광학 열상장비를 장착했죠. 덕분에 AW-159 와일드캣은 먼 거리에서 적 함정을 탐색·식별해 모함에 정보를 줘 공격을 유도할 수 있고, 심지어 장착하고 있는 스파이크 대함 유도탄으로 공기부양정을 비롯한 적 함정의 조타실 창문까지 정밀 타격 할 수 있어요. 이 밖에도 잠수함 공격을 위한 청상어 어뢰와 소형 표적을 공격할 수 있는 12.7㎜ 기관총 등도 장착하고 있어요. 이를 통해 대잠·대수상함전은 물론 탐색, 구조, 인원 이송, 이동 군수 지원 등 작전적 필요에 따라 다양한 임무를 수행하는 다목적 헬기가 AW-159 와일드캣이에요.

우리 해군은 현재 도입한 AW-159 와일드캣에 이어 후속 해상작전 헬기로 미국의 MH-60R 시호크를 선정했어요. MH-60R 시호크는 작년 연말부터 우리 해군에 인도되기 시작해 모두 12대가 올해까지 도입될 예정이죠. 도입을 앞둔 P-8A 대잠초계기까지 더하면 P-3C · P-8A 대잠초계기, AW-159 와일드캣 · MH-60R 시호크가 누비는 우리 바다는 한층 더 안전해지지 않을까요?

길이	15.22m
높이	3.73m
최대 이륙 중량	6,050kg
최고 속도	291km/h
최대 항속거리	777km
무장	스파이크 대함미사일, 청상어 대잠어뢰, 12.7㎜ 기관총

| AW-159 와일드캣 제원

'하늘의 왕' 독수리를 닮았다
- KUH-1 수리온 기동헬기

'하늘의 왕' 수리는 한반도 맹금류(육식성 조류) 가운데서 최상위 포식자에 속하는 용맹한 동물이에요. 이런 수리처럼 우리 하늘을 용

맹하게 지키길 바라는 마음으로 만들어진 항공기가 이번 주인공입니다. 바로 한국형 기동헬기인 KUH-1 수리온입니다.

수리온은 앞서 우리 군이 운용하던 UH-1H 기동헬기와 500MD 소형 기동헬기를 대신하기 위해 개발됐어요. 한반도 환경에 맞는 헬기를 빠르게 우리 군에 전력화하고, 핵심부품을 쉽게 확보하기 위함도 컸지만, 무엇보다 중요한 것은 우리나라의 기술력이 이제 헬기를 만들 수 있는 수준에 올라왔고 이를 더 발전시켜 나가야 한다는 점이었죠. 실제로 수리온 헬기는 2006년 체계 개발을 시작한 뒤 불과 6년 1개월(73개월) 만에 개발에 성공하는 쾌거를 이뤘어요.

수리온의 가장 큰 장점은 실제 헬기를 운용하는 우리 육군의 요구에 맞춰 다양한 첨단 기능을 최적화해 적용했다는 점이에요. 보다 쉬운 조종을 위해 최적의 조종실 환경을 구현했고, 목표 지점까지 자동 비행 할 수 있는 자동 비행 조종 장치를 채택했죠. 궂은 날이나 밤에도 비행이 가능한 장비도 채택했어요.

특히 북한을 포함한 한반도 전역의 지형과 사계절이 뚜렷한 날씨에 원활하게 작전할 수 있도록 설계한 것이 특징이랍니다. 수리온은 산악 지형이 많은 한반도의 특성에 맞춰 전술 기동의 핵심인 '고공 제자리 비행'이 가능해요. 백두산 꼭대기와 같은 2,700m까지 올라가 제자리 비행을 할 수 있죠. 1분에 올라갈 수 있는 상승 속도도 518m에 달해요. 즉 5분 조금 넘는 시간이면 백두산 정상 높이까지 상승할 수 있는 셈이죠.

헬기 특유의 엄청난 기동력도 강점이에요. 수리온은 한 개 분대에 해당하는 완전무장 병력 9명을 태우고 시속 260㎞ 속도로 최대 450㎞를 비행할 수 있어요. 이런 상태에서 측방 비행·후진 비행·S자 전진 비행 등 어려운 비행도 가능해요.

앞서 잠시 소개한 조종실을 조금 더 자세히 알아볼까요? 수리온 조종석에는 3차원 전자지도, 위성항법 장치(GPS)·관성항법 장치(INS), 주 경고패널(MWP) 등의 다양한 전자장비를 갖추고 있어 우리 육군 헬기 가운데는 가장 디지털화된 헬기란 평가를 받고 있어요. 한국인 체형에 최적화된 인체공학적 설계도 조종사들에게 호평을 받고 있죠.

공격헬기가 아니다 보니 무장은 K16 기관총 2정으로 다소 적지만 적의 공격에 대한 대비책도 마련해 놨어요. 자동 방어체계가 대표적이죠. 자동 방어체계는 적 지대공 미사일이나 대공 레이더에 탐지되면 자동으로 경보를 울리고, 미사일을 속이기 위해 금속조각·불꽃을 발사하는 채프·플레어 발사기를 투하하도록 설계됐죠. 조종석과 엔진 같은 주요 부위에는 방탄 설계가 이뤄졌고, 연료 탱크는 포탄에 맞으면 자동으로 밀봉돼 연료 유출과 폭발을 방지하는 셀프 실링(Self-Sealing) 기능을 갖추고 있어요.

수리온 개발로 대한민국은 세계에서 열한 번째 헬기 개발 국가로 발돋움했어요. 사실 우리나라는 세계 7위에 달하는 군용 헬기 보유 국가임에도 헬기를 외국에서 들여오다 보니 항상 운영에 어려움이 많았죠. 하지만 수리온을 통해 헬기 개발능력을 갖추면서 앞으로 기동헬기뿐만 아니라 수송헬기, 나아가 공격헬기를 만들 수 있는 발판을 마련했답니다.

수리온의 이름 역시 우리 국민이 공모를 통해 직접 지은 것이라 의미가 커요. 맹금류인 '수리'와 우리말로 100을 뜻하는 '온'을 조합한 수리온은 수리의 용맹함과 기동성, 숫자 100이 가진 완벽성을 모두 담고 있죠.

수리온은 지난해 6월 드디어 우리 군에 모두 전력화됐어요. 12년 동안 4차례에 걸친 양산 사업을 한 결과물이죠. 10년이 넘는 안정적인 헬기 운용 능력을 바탕으로 이제는 검증된 무기체계로 그 위상을 인정받고 있어요. 공중강습작전, 화물공수, 지휘통제 등 다양한 임무를 수행하며 육군의 차세대 전투체계 '아미 타이거(Army TIGER)'의 핵심 전력이 된 수리온은 앞으로도 대한민국 하늘에서 힘찬 날갯짓을 할 것이에요.

길이	19m
너비	3.3m(동체)
높이	4.5m
프로펠러 직경	15.8m
승무원	2명(무장 요원 2명 추가 가능)
탑재 능력	완전무장 요원 9명 / 최대 이륙 중량 8.7톤
최고 속도	시속 260km
항속거리	450km
최대 제자리 비행고도	3,048m
무장	K16 7.62mm 기관총 2정

Ⅰ KUH-1 수리온 기동헬기 제원

우리 힘으로 만든 공격헬기
- 소형 무장헬기(LAH) 미르온

 지상전을 보조하는 헬기의 역할은 1960~1970년대 베트남전쟁에서 급부상했어요. 1대당 가격도 비싸고 출격할 때마다 드는

전투기에 비해 훨씬 효율적이라는 이유였죠. 그래서 등장한 것이 '최초의 공격헬기'로 불리는 AH-1 코브라 공격헬기랍니다. 우리 군 역시 1970년대 말 이 코브라 공격헬기를 도입해 지금까지 요긴하게 사용했죠.

하지만 현재 우리 군의 코브라 헬기는 비행이 중단된 상태예요. 역사의 한 페이지를 장식할 정도로 유명한 헬기이긴 하지만 이제는 너무 노후화됐기 때문이죠. 코브라 헬기를 대신해 우리 하늘을 활공할 새로운 공격헬기가 오늘 소개해 드릴 미르온 소형 무장헬기(LAH)랍니다.

미르온은 지난해 10월 4일 육군이 계룡대 활주로를 무대로 성대하게 개최했던 지상군 페스티벌에서 국민이 지켜보는 가운데 이름을 얻었어요. 그 전까지는 소형 무장헬기라는 다소 딱딱한 이름으로 불렸었죠. 육군은 용을 뜻하는 순우리말 '미르'와 100의 순우리말 '온'을 합쳐 이름을 지었는데요. 마치 용이 불을 내뿜는 모습처럼 용맹하게 100% 임무를 완수한다는 의미를 담았죠.

미르온의 가장 큰 장점은 바로 '디지털화'라고 할 수 있어요. 앞서 육군이 운용했던 코브라나 500MD 같은 헬기들은 제작된 지 오래돼 이런 디지털 기능이 미흡했던 것이 사실이거든요. 하지만 미르온은 전방의 표적을 탐지할 수 있는 표적획득 장비(TADS)와 조종사의 임무 부담을 크게 줄일 수 있는 자동 비행 조종 장비 등을 장착해 조종사 등 승무원들이 훨씬 편하게 운용할 수 있도록 했어요. 이 밖에도 헬기의 생존성을 높이기 위해 원거리 제어 정찰 ·

타격 임무가 가능한 유·무인 복합체계(MUM-T)와 인공지능(AI) 딥러닝 기술을 활용한 복합 전장정보 상황인지 기술도 개발 중이에요.

특히 눈길을 끄는 것은 주 무장인 공대지 유도탄 '천검'이에요. 2022년 개발된 천검에는 현재 유도탄에 사용되는 첨단 기술이 총망라됐죠. 천검은 가시광선·적외선 영상을 모두 활용하는 이중 모드 탐색기를 갖추고 있어 밤낮없이 표적을 탐지할 수 있죠. 또 유선 데이터 링크를 통해 눈에 보이지 않는 곳에서 미사일을 발사할 수도 있고, 표적을 지정하고 발사한 뒤 회피할 수 있는 '발사 후 망각(Fire and Forget)', '발사 후 재지정(Fire-and-Update)' 기능도 들어갔어요. 여태까지 다른 유도탄에 들어간 적이 없는 AI 알고리즘도 처음으로 탑재했죠.

미르온의 기체는 유럽 다국적 항공기업인 에어버스의 EC155B1 헬기를 기반으로 하고 있어요. 하지만 안에 들어가는 내용물은 완전히 다르죠. 미르온의 내부에는 앞서 소개한 첨단 전자장비와 무장이 탑재돼요. 공중에서 적 전차 등을 공격하고, 우리 전차의 원활한 진격을 돕기 위한 엄호 임무를 완벽히 수행할 수 있도록 하기 위해서죠. 특히 천검 유도탄의 사거리는 8㎞에 달하는데요. 이는 앞선 모델인 아파치의 주 무장 토(TOW) 공대지 유도탄의 사거리가 3.75㎞인 것에 비하면 2배가 넘는 길이죠. 20㎜ 발칸포와 2.75인치 무유도로켓 등 부무장 역시 강한 화력을 뒷받침하고 있어요. 드론을 발사해 지상을 정찰하는 능력도 탑재될 예정이에요.

또 다른 장점은 우리 육군 지휘부가 미르온을 가장 효과적으로 활용할 수 있다는 점인데요. 미르온 우리 군 항공기 가운데 처음으로 국내 기술로 개발된 육군 전술 데이터 링크 'KVMF'와 합동 전술 데이터 링크 '링크-K'가 최초로 장착됐어요. 이를 활용해 후방 지휘부와 원활한 소통이 가능하죠.

미르온은 지난해 말 육군 항공 부대에 인도되기 시작했어요. 앞으로 우리 육군의 새로운 날개가 될 미르온의 활약을 기대해 주세요.

길이	14.3m
폭	3.9m
높이	4.3m
무게	2,618kg
체공시간	4시간 이상
작전 반경	450km
최대 시속	131노트(약 242km)
승무원	조종사 2명
무장	천검 공대지 유도탄, 20㎜ 발칸포, 2.75인치 무유도로켓

| 소형 무장헬기(LAH) 미르온 제원

세계 최강의 공격헬기

- AH-64E 아파치 가디언

K2 전차를 기억하시나요? 전차는 적의 땅을 점령하기 위한 가장 중요한 수단이라고 소개했는데요. 그러니 당연히 거의 모든 나

라가 전차를 가지고 있거나 가지려고 노력하는 것은 당연하죠. 따라서 우리 역시 적의 전차를 상대해야 하는 입장에 놓일 수밖에 없는데요. 현재 우리의 주적인 북한은 T-62를 비롯한 러시아 전차와 이를 기반으로 자체 개량한 전차들을 3,000대 이상 가지고 있어요.

오늘은 이런 북한 전차들을 효과적으로 제압하기 위해 우리나라가 도입한 무기체계를 소개해 볼까 합니다. 바로 '탱크 킬러(Tank Killer)'로 불리는 AH-64E 아파치 가디언 헬기입니다.

우선 이름부터 살펴볼까요? '아파치(Apache)'라는 단어를 혹시 아시나요? 지금의 미국인들이 아메리카 대륙에 오기 전 먼저 살고 있던 원주민 중 하나인데요. 아파치족은 용맹한 것으로도 유명하죠. 미 육군은 운용하는 헬기 이른바 '인디언'이라는 아메리칸 원주민 부족이나 용맹한 전사의 이름을 붙입니다. AH-64E의 원래 버전인 AH-64에 '아파치'라는 이름이 붙었고, 여기에 'E'라는 개량형에는 수호자를 뜻하는 '가디언(Gardian)'이라는 애칭을 더했죠. '대한민국의 하늘과 땅을 지키는 용맹한 수호자' 정도로 해석하면 되겠네요.

1980년대 처음 개발된 AH-64 헬기는 여러 차례의 개량으로 변신을 거듭하며 지금도 '세계 최강의 공격헬기'로 군림하고 있습니다. 가장 압도적인 것은 공격력인데요. 아파치를 지금의 위치로 만들어 준 AGM-114 헬파이어(Hellfire) 공대지 미사일이 대표적입니다. 엄청난 관통력과 파괴력을 갖춘 데다 최대 10㎞ 밖에 떨어진 표적도 맞힐 수 있기 때문에 전차, 장갑차, 자주포 등에는 천적이나 다름없습니다. AH-64 계열 헬기들은 한 번에 최대 16발의 헬파이어 미사일을 장착할 수 있기 때문에 '아파치 헬기 1대가 한번 뜨면 적 전차 16대가 바로 박살 난다'는 이야기도 있었죠. 이 밖에도 대부분의 '히드라(Hydra) 70'이라고 불리는 70㎜ 로켓도 최대 76발 장착할 수 있습니다. 또 어지간한 전차의 장갑도 뚫을 수 있는 30㎜ 기관포도 최대 1,200발 발사할 수 있죠. 이 정도면 한 번 출격할 때마다 적의 지상군은 거의 초토화될 수 있는 수준이죠. 더구나 헬기는 1대가 단독작전을 하는 것이 아니라 무리(편대)를 지어 작전을 하니 위력은 상상을 초월합니다. 그뿐만 아니라 AIM-92 스팅어 공대공 미사일로 적 헬기나 전투기도 상대할 수 있죠.

사실 AH-64E 헬기의 가장 무서운 점은 사실 장착한 무기가 아니라 '롱보우(Longbow)'라고 불리는 레이더입니다. 롱보우 레이더는 반경 8㎞ 이내 지상·공중 표적 1,000개를 탐지하고, 이 가운데 256개의 표적을 추적해 가장 위험하다고 식별한 16개 표적을 동시에 공격할 수 있습니다. 또 레이더로 탐지한 표적 정보를 다른 AH-64E 헬기에 전파해 함께 공격할 수 있죠. 예를 들면 산 너머에서 대기하고 있던 AH-64E 헬기가 롱보우 레이더로 적 전차를 탐지한 뒤 잠깐 위로 올라와 미사일을 발사하면 적은 순식간에 10대가 넘는 전차를 잃게 되는 것이죠. AH-64E 헬기는 발사 뒤 유유히 산 너머로 사라지면 그만입니다.

그렇다면 방어력은 어떨까요? 정답은 '매우 훌륭하다'입니다. AH-64E 헬기는 공중 전력에 대항하기 위해 만든 14.5㎜·23㎜ 대공포탄을 견딜 수 있는 장갑을 갖췄습니다. 293㎞/h에 달하는 최대 속도를 활용해 빠르게 기동하기 때문에 땅에서 AH-64E 헬기를 잡는다는 것은 하늘이 돕지 않는 이상 거의 불가능합니다. 여기에 야간작전도 가능하니 적 육군 입장에서는 '재앙'이나 다름없는 무기체계라고 할 수 있어요.

우리 군은 2017년 AH-64E를 배치해 현재 36대(2개 대대)를 운용하고 있습니다. 실제 운용 과정에서 강력함을 몸소 체험한 우리 군은 앞으로 AH-64E를 추가 도입할 계획이라고 하네요.

길이		17.73m
메인로터(프로펠러) 직경		14.63m
높이		4.64m
최고 속도		293km/h
최대 항속거리		483km
승무원		2명
주요 무장	공대지	AGM-114 헬파이어 공대지 미사일 히드라 70㎜ 로켓 30㎜ 기관포
	공대공	AIM-92 스팅어 공대공 미사일
	기타	롱보우 레이더

l AH-64E 아파치 가디언 제원

5

무기의 기본

: 국군 총기 도감

50만 국군 장병의 친구
- K2 소총

이번 장에서는 '무기'에 대해 소개해 드릴까 합니다. 여태까지 본 것은 무기가 아니라고? 이상하게 생각하는 분들도 있을 것 같

은데요. 전차, 이지스 구축함, 전투기 같은 것들은 사실 '무기체계'라고 부른답니다.

무슨 차이일까요? 쉽게 말하자면 이것들은 모두 '탈것'인데요. 땅, 하늘, 바다의 탈것에 총, 대포, 로켓 같은 무기와 운용에 필요한 장비들을 장착한 것을 무기체계라고 합니다.

반면 이제 소개해 드릴 것은 무기, 즉 하나의 총입니다. 바로 대한민국 국군이라면 거의 대부분 손에 쥐어본 소총이죠. 그 가운데서도 30년 넘게 국군 장병들의 파트너로 활동하는 K2 소총입니다.

K2 소총은 대한민국이 가장 먼저 개발에 착수한 대량 생산 무기입니다. 결과적으로는 K1 기관단총이 먼저 출시됐지만, 애초에 K2 소총을 개발하는 과정에서 K1 기관단총이 나온 것이니 최초 개발 착수란 타이틀은 K2 소총의 것이 맞죠.

이제 우리나라는 총은 물론 전차, 군함, 전투기까지 직접 만드는 '방위산업 선진국'이 됐지만 불과 40여 년 전만 해도 총 한 자루 만들지 못했답니다. 하지만 1972년 "소총을 우리 기술로 개발해 방위산업 기술을 확보하라"는 박정희 당시 대통령의 지시로 국산 소총 개발이 시작됐죠. 이게 K2 소총, 나아가 한국 방위산업의 시작점이 됐습니다.

이보다 2년 전 설립된 국방과학연구소(ADD)는 이른바 'XB형(eXperimental B) 소총 개발계획'을 진행하면서 XB-1부터 XB-7까지 일곱 가지 종류의 소총을 만들었습니다. 이 가운데 XB-7A형이 양산형으로 결정되면서 한국(Korea)의 K를 딴 K2 소총이 됐죠.

이렇게 1984년 우리 군의 소총으로 공식 채택된 K2 소총은 이 듬해부터 대량 생산에 돌입, 전방 전투 부대부터 차례대로 보급됐습니다. 1990년대 이후 대부분의 육군 부대에 미국의 M16 소총 대신 K2 소총이 보급됐고, 이제는 우리 국군의 주력 소총으로 자리 잡았답니다.

　말씀드린 M16 소총은 미군도 사용하는 세계적인 베스트셀러였습니다. 그렇다면 K2는 M16과 어떤 차별성을 가지고 있었을까요? 바로 한국인의 체형에 맞고, 세계 최고 소총들의 장점을 섞었다는 점입니다.

　K2 소총은 M16과 그 라이벌로 공산주의 국가들이 주로 사용한 러시아 AK-47 소총의 장점을 모두 가져왔습니다. 우선 알루미늄 주물로 틀을 만드는 것, 세부 부품 등은 M16과 거의 비슷했죠. 하지만 내부 구조는 AK-47 소총과 흡사합니다. 이는 M16 소총이 가진 약점 때문이었죠.

　M16 소총은 총을 발사할 때 가스가 사람에게 분출되는 문제가 있었습니다. 하지만 AK-47 소총은 피스톤(앞뒤로 움직이는 원통형 장치)을 활용하기 때문에 이런 현상이 벌어지지 않죠. 그래서 K2 소총은 가스 작동 방식인 M16 소총과 달리 가스 피스톤 방식을 활용했습니다. 피스톤을 활용하면 소총의 고장도 적다는 장점도 있죠. 이 밖에도 총알이 총열(총의 긴 대롱)에서 발사될 때 회전을 주는 강선도 당시 최신 트렌드를 따라갔습니다. 당시 우리보다 현저히 덩치가 큰 미군들에게 맞춰진 M16 소총과 달리 한국인 체형에 맞도록

디자인도 작게 개량했죠. 이 밖에도 안전(발사 불가능), 단발(한 발씩 발사), 연발(연속 발사), 점사(정해진 발수가 연속 발사) 등 다양한 사격 방법을 선택할 수 있도록 선택의 폭을 넓힌 것도 특징입니다. 또 좁은 환경에서도 잘 들고 다닐 수 있도록 개머리판(총 손잡이 뒤쪽으로 뻗어 나온 반동 제어를 위한 부위)을 접을 수 있도록 했습니다. 표적을 조준하는 가늠자·가늠쇠를 중심이 같은 동그라미 2개인 동심원 모양으로 만든 것도 동그라미 하나와 막대 모양 하나로 구성된 M16 소총과의 차이점입니다.

이런 노력 덕분에 실제로 K2 소총을 쓰는 장병들 대부분은 K2 소총의 장점으로 '명중률이 높다'는 점을 꼽고 있습니다. 또 휴대성과 디자인도 강점으로 보고 있죠. 특히 K2 소총은 초보자도 쉽게 조준할 수 있도록 설계됐다는 평가를 받고 있습니다. 이는 동그라미 안에 머릿속으로 십자가를 만들어 쏘는 M16 소총의 사격 방법과 비교되는 부분이죠. 다만 M16, AK-47 소총에 비해 조금 무거워 불편하다, 내구성이 약하다는 의견도 있습니다. 현재는 이런 문제를 해결하기 위한 기술변경이 이뤄지는 중이니 점차 해결되지 않을까 싶네요.

예전에 'K2 소총은 당신에게 어떤 존재인가요?'란 앙케트를 진행한 적이 있는데요. 가장 인상 깊었던 것은 바로 "K2 소총은 소중한 내 새끼. 늘 두 손으로 안아주거나 등에 업고 다녀야 하는 내 새끼"라는 답이었습니다. 국군 장병과 K2 소총의 관계를 한 번에 느끼게 해 준 대답이었죠. 언젠가 여러분들이 군대를 가게 된다면 한 번은 만나게 될 K2 소총. 그때 이 글을 떠올리며 반갑게 맞아 줬으면 하는 바람입니다.

구경	5.56×45mm
길이	730~980mm(전체), 465mm(총열)
무게	3.37kg
발사 속도	700~900발/분
유효 사거리	600m(K100탄)
사격 모드	단발 · 3점사 · 연발
특성	가스 피스톤, 6조 우선

l K2 소총 제원

'원 샷, 원 킬(One Shot, One Kill)'의 로망
- K14 저격소총

먼 거리에서 단 한 발로 적을 쓰러트리는 저격수는 많은 밀리터리 마니아들의 로망입니다. 그만큼 저격총에 대한 관심도 상당하

죠. 오늘 만나볼 K14 저격소총은 '선택받은 자'들만이 사용하는 특별한 무기입니다.

전투에서 저격수의 존재는 생각보다 굉장히 큽니다. 보이지도 않는 먼 거리에서 부대를 이끄는 주요 지휘관을 순식간에 저격하게 되면 그 부대는 엄청나게 큰 타격을 입겠죠? '나도 언제든 죽을 수 있다'는 공포가 모두에게 퍼지기 시작하면 싸우기도 전에 지는 상황에 놓일 수밖에 없습니다. 우리 군이 각 단위 부대별로 저격수를 선정, 임무를 맡기는 것은 이런 이유에서죠. 50만 명에 이르는 우리 군 장병들 가운데 저격수는 아주 귀하답니다. 그만큼 '사격의 달인'이기도 하죠.

저격소총은 먼 거리에서 정확히 표적을 맞춰야 하는 특별한 목적이 있기 때문에 최상의 기술력이 요구됩니다. K14 저격소총이 국산 화기의 '화룡점정(畵龍點睛, 가장 중요한 마무리 작업)'이라고 불리는 것은 이 때문입니다.

K14 저격소총은 외국 저격총을 사용하던 육군과 해병대 저격수들의 의견과 세계 저격총의 트렌드를 반영해 만든 제품입니다. 가장 큰 특징은 한 발을 사격한 뒤 장전 손잡이를 후퇴시켜 재장전하는 '볼트 액션(Volt Action)' 방식을 사용한다는 점입니다. 볼트 액션은 19세기 중반부터 사용되던 오래된 방식인데요. 이는 재장전 시간이 긴 대신 탄약이 발사되면서 생기는 가스를 탄약을 밀어내는 데만 사용하기 때문에 사거리가 길어지는 장점이 있습니다. 대부분의 저격총이 볼트 액션을 선택한 이유죠. 하지만 K14 저격소

총은 단순한 볼트 액션 방식을 넘어 무게 감소와 신뢰성 향상을 위해 부품 개수 하나하나까지 신경을 쓴 무기입니다.

방아쇠 압력도 일반 소총에 비해 굉장히 낮게 조정했는데요. 방아쇠 압력이 높을수록 조준이 엇나갈 수 있기 때문이랍니다.

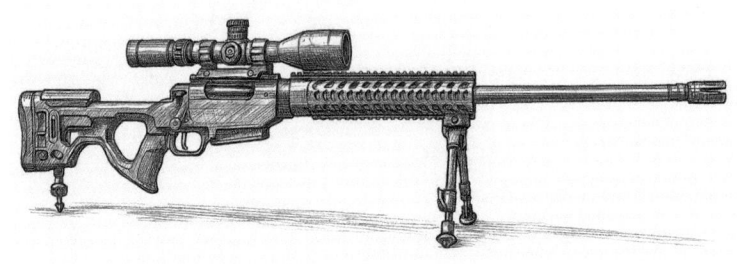

K14 저격소총은 100야드(91.4m)에서 1인치(2.54cm) 지름의 표적을 명중시키는 기준인 1MOA(Minute Of Angle)를 만족시키는 높은 명중률을 자랑합니다. 이런 명중률의 가장 큰 그 비결은 바로 특별한 탄약입니다. K14 저격소총의 구경은 K12 기관총 등과 같은 7.62㎜이지만, 정밀한 사격을 위해 완전히 따로 제작된 탄약을 쓰고 있어요. 이 탄약은 앞쪽의 표면이 굉장히 미끄러워서 사격 후 탄약을 감싼 금속이 열에 의해 총의 안에 남는 현상이 거의 발생하지 않습니다. 또 맨 앞부분에 작은 구멍을 내 공기저항을 잘 잡아 안정적인 비행을 할 수 있도록 했죠. 옆면에 미끌미끌한 왁스를

발라 사격을 할 때 탄약이 부드럽게 밀려 나가게 하기도 했어요.

두 번째 비결은 정밀한 내부 구조입니다. K14는 명중률의 핵심인 총열의 정밀도를 높이기 위해 탄약과의 마찰이 생겨도 쉽게 닳지 않는 공정을 추가했어요. 또 총열에 6개의 홈을 파 열기를 발산하도록 했죠. 저격수의 위치가 드러나지 않도록 화염을 최소화하기도 했답니다.

마지막으로 조준경 역시 '명품'을 쓰고 있어요. 도입 초기에는 3~12배 크게 볼 수 있는 독일 조준경을 수입했지만 지금은 우리 기업이 만든 같은 규격의 제품을 사용해요. 이 밖에 미군도 사용하는 고품질 하드케이스, 임무 수행 시 펼쳐서 바닥에 깔 수도 있는 소프트케이스, 소음기, 기상측정 장비 세트, 정비 세트 등등 각종 액세서리도 있답니다.

구경	7.62×51㎜
길이	1m 15㎝(전체) / 61㎝(총열)
무게	7㎏(조준경·탄창 포함)
조준경 배율	3~12배
유효 사거리	800m
작동 방식	볼트 액션

| K14 저격소총 제원

400m를 날아가는 수류탄
- K201 유탄 발사기

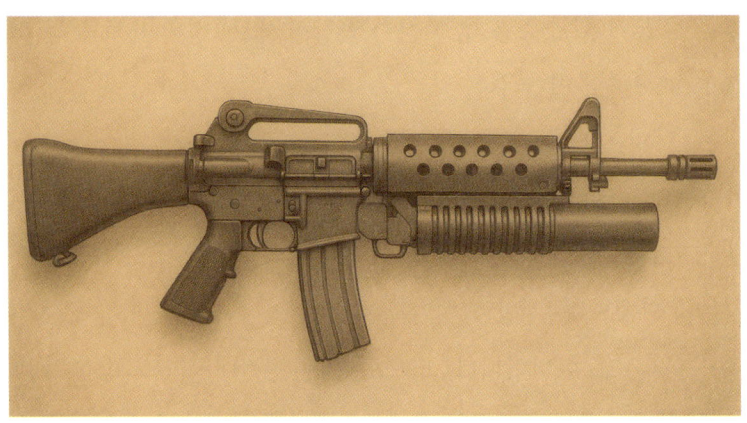

앞서 소개한 박격포를 기억하시나요? 그때 박격포를 '원시적이지만 가성비가 아주 좋은 무기'라고 소개했었는데요. 이런 박격포와 함께 꼭 첨단 기술이 들어간 무기가 아니더라도 얼마든지 쓸모가 있다는 것을 증명하는 무기가 하나 더 있습니다. 바로 수류탄이에요. 불과 폭발물을 담아 멀리 던지는 원리의 수류탄은 지금으로부터 2,400여 년 전인 기원전 400년부터 그 유래를 찾아볼 수 있는 정말정말 오래된 무기예요. 하지만 여전히 수류탄은 보병들의 전투에서 애용되는 유용한 무기랍니다.

하지만 수류탄에도 근본적인 문제가 하나 있었는데, 바로 '사람이 던져야 하는 무기'라는 점이었어요. 모두가 야구선수처럼 멀리 던지기를 잘하는 것도 아니고, 정확도 역시 사람에 따라 들쭉날쭉하다는 점. 혹시라도 잘못 던져 눈앞에 떨어지면 적이 아닌 나와 아군을 죽거나 다치게 할 수 있다는 점 등 여러 문제점이 이 때문에 발생했죠. 그래서 현대에 들어 이 문제를 해결하기 위한 무기가 등장했어요. 이 무기의 이름은 '유탄 발사기'라고 붙여졌죠.

수류탄의 정확한 뜻은 '손으로 던지는 유탄'입니다. 즉 유탄 발사기는 말 그대로 손을 대신해 유탄을 발사하는 기계입니다. 유탄 발사기는 앞서 말씀드린 수류탄의 문제점을 거의 모두 해결할 수 있는 무기예요. 하지만 그렇다고 해서 수류탄이 완전히 없어지느냐? 그것은 또 아니랍니다. 벽으로 던져 튕겨내 직선으로 발사하는 유탄 발사기로는 투척할 수 없는 지역에 폭발을 일으킨다든지 하는 전술적 활용이 가능하기 때문이에요.

이제 우리 군이 사용하는 K201 유탄 발사기에 대해 알아보도록 하겠습니다. 유탄 발사기는 보통 소총에 부착해 사용하는 것이 일반적입니다. K201 유탄 발사기가 탄생하기 전 우리 군은 M203

유탄 발사기란 무기를 사용했었죠. 이 M203 유탄 발사기는 당시 사용하던 M16A1 소총의 '짝꿍'이라고 생각하시면 됩니다.

앞서 K2 소총을 소개하면서 미국이 만든 M16A1 소총을 대체한다고 했었죠? 소총이 바뀌었으니 '짝꿍'인 유탄 발사기도 바뀌어야겠죠? 그래서 탄생한 것이 K201 유탄 발사기예요. K2 소총은 M16A1 소총과 모양새에서 차이가 있기 때문에 M16A1 소총에 장착하던 M203 유탄 발사기는 사용할 수 없게 됐거든요. 그래서 우리 군의 무기체계를 개발하는 국방과학연구소(ADD)는 새로운 유탄 발사기 개발을 추진했고, K201 유탄 발사기를 만들게 됐습니다.

K201 유탄 발사기는 M203 유탄 발사기를 토대로 만든 무기라 개발 기간이 3년 정도밖에 걸리지 않았어요. K2 소총의 구조에 맞춰 정확하게 부착될 수 있도록 하는 것이 가장 중요했죠. 또 K2 소총과 마찬가지로 우리 군의 주요 전장인 한반도의 지형적 특성과 한국인의 몸에 맞도록 더 간편하고 견고하게 설계한 것도 특징입니다.

K201 유탄 발사기에 사용되는 유탄은 M203과 마찬가지로 40㎜ 유탄입니다. 총신 길이는 3,055㎜, 무게는 2kg이죠. 유탄 발사기에는 따로 방아쇠가 있기 때문에 장전을 한 뒤 이 방아쇠를 당겨 사격하는 방식입니다. 이렇게 발사된 유탄은 최대 400m까지 날아가 주변 5m 반경의 적에게 큰 피해를 입힐 수 있죠.

실제로 K201 유탄 발사기를 사격하는 모습을 보면 살짝 김이

빠질 수 있습니다. 발사할 때도 '퐁' 하는 작은 소리만 나고, 폭발할 때 나는 소음도 별로 크지 않기 때문에 '별 위력이 있겠느냐'라는 생각이 들겠지만, 사실은 정반대입니다. '유탄=수류탄'이란 공식을 절대 잊어서는 안 돼요. 심지어 사용하는 탄약 가운데는 고폭탄과 비슷한 살상 반경에 장갑차 등 철판을 두른 차량을 뚫을 수 있을 만큼의 위력을 지닌 것도 있답니다.

8~10명으로 이뤄진 우리 육군의 분대는 1~2명의 유탄 발사기 사수를 보유하고 있습니다. 보다 멀리, 편하게 유탄을 날려 보내 적에게 큰 피해를 입힐 수 있는 K201 유탄 발사기는 육군의 필수 무기 중 하나로 자리 잡았답니다.

길이	3,055mm
무게	2kg
탄약	40mm 유탄
최대 사거리	400m
탄속	초속 76m
살상 반경	5m

| K201 유탄 발사기 제원

유탄 발사기의 진화
- K4 고속유탄기관총

　앞서 손으로 던지는 수류탄을 총으로 쏴주는 국산 유탄 발사기 K201에 대해 알아봤는데요. 여기서 의문이 생기셨을 분도 있을 것 같아요. K201은 얼마나 빨리 발사할 수 있을까? K201을 부착하는 K2 소총이 1분에 700~900발 발사하는 것처럼 말이죠.

그런데 사실 K201 유탄 발사기는 그런 개념을 적용하기 힘들어요. 1발씩 장전해서 쏘는 '싱글 액션' 방식이기 때문에 쏘는 사람의 숙련도에 따라 제각각이기 때문이거든요. 이런 들쭉날쭉한 발사 속도를 개량해 마치 기관총처럼 연속으로 빠르게 유탄을 발사할 수 있는 무기는 따로 있답니다. 바로 K4 고속유탄기관총이죠.

K4 고속유탄기관총은 보병들이 사용하는 소구경 기관총의 사거리 밖에 있는 적 밀집 부대, 화기 진지, 장갑차 등을 제압하기 위한 중화기가 필요하다는 요청에 따라 개발됐습니다. 만들 당시 참고한 모델은 미군의 Mk.19 고속유탄기관총이에요. 고속유탄기관총 제작을 요청한 육군은 베트남전쟁에서 미군이 보여준 Mk.19 고속유탄기관총의 강력한 위력에 감명을 받았다고 하네요. 이에 따라 국방과학연구소(ADD)는 베트남전쟁 당시 사용됐던 Mk.19 Mod0의 신뢰성과 안전성을 개선한 Mk.19 Mod1의 샘플과 도면을 참고해 독자 개량 개발을 했습니다. 1993년 야전에 전력화된 최종 모델은 Mk.19 Mod3와 유사한 형태가 됐죠. 물론 그대로 베낀 것이 아니라 우리 실정에 맞는 재설계를 했다는 점이 중요해요.

이렇게 개발된 K4 고속유탄기관총은 40㎜ 이중 목적탄(High Dual Purpose)을 1분에 375발 속도로 최대 2,200m까지 쏠 수 있어요. 유탄의 종류에 따라 최대 378발까지도 가능하답니다. 최대 사거리가 400m인 K201 유탄 발사기에 비해 훨씬 멀리 나가죠. 직선으로 날아가는 '직사화기'의 특성상 명중률도 상당히 높은 것으로 알려져 있어요. 탄약도 K201과 같은 40㎜ 구경이지만 길이가 53㎜로 46㎜인 K201보다 길답니다. 유탄을 연달아 발사하기 위한 에너지와 더 긴 사거리 때문에 탄약이 더 많이 들어가야 하기 때문이에요. 무엇보다 가장 큰 차이는 앞서 말씀드린 '싱글 액션'인 K201과 달리 유탄을 이어 붙여놓고 계속 발사하는 벨트를 이용한 연속 발사가 가능하다는 점이에요.

그렇다면 실전에서 K4 고속유탄기관총은 어떤 용도로 쓰일까요? 보병을 기준으로 설명드릴게요. 보병의 기본 화기인 K2 소총 등 개인 화기나 소부대에서 사용하는 K3 기관총만으로 적을 제압하기 약간 부족한 경우가 있어요. 예를 들면 적이 많은 수로 밀어붙이는 밀집 공격을 하는 상황 등이죠. 그렇다고 박격포로 대응하기엔 조금 아까운 경우, 이럴 때 주로 K4 고속유탄기관총이 쓰인답니다. 사거리와 위력 모두 기관총과 61㎜ 박격포 사이의 구간을 책임지기에 적격이거든요.

K4 고속유탄기관총의 또 다른 장점으로는 안정성이 있어요. K4 고속유탄기관총의 모델이 된 Mk.19는 이미 미국과 서유럽 등 이른바 '서방 세계'에서는 대체 불가 베스트셀러로 꼽힌답니다. 이런 Mk.19와 비슷한 구조를 가지고 있는 K4 고속유탄기관총 역시 작동 불량 등의 문제가 크게 발생하지 않는다는 평가를 받고 있어요. 특히 제작사가 양산 초기에 문제가 될 만한 부품을 모두 보완하면서 일선 부대에서 신뢰도도 높다고 해요.

예전에 소규모 부대가 가진 가장 강력한 무기로 박격포를 소개했던 것 기억하시나요? 물론 실제 화력 면에서는 박격포가 가장 강한 것은 맞답니다. 하지만 월등히 뛰어난 사거리, 연사를 통한 강력한 위력을 가지고 있으며, 박격포와 달리 표적을 직접 조준사격 해 명중률을 높인 K4 고속 유탄 발사기도 화력 근접지원에 있어 '최강의 보병 화기'라고 불리고 있어요.

구경	40mm	
작동 방식	조기점화 충격식	
길이	전체	1,094mm
	총열	412mm
무게	34.4kg(총기 기준)	
발사 속도	최대 375발/분	
최대 사거리	2,200m	
사격 모드	연발	
송탄 방식	벨트송탄식	

| K4 고속유탄기관총 제원

선택받은 자들의 총
- K7 소음기관단총

 우리 국군은 현재 상황과 임무에 맞춰 많은 종류의 총기를 운용하고 있습니다. 그 가운데도 '선택받은 자'만이 사용하는 총기가

하나 있는데요. 바로 K7 소음기관단총입니다. K7 소음기관단총은 육군의 특수부대인 특수전사령부(특전사) 요원들이 사용하는 특별한 무기라 '밀리터리 덕후'들에게 큰 관심을 받는 총기입니다.

영화 속에서 적진에 은밀히 침투한 특수부대 요원들이 총소리가 거의 나지 않는 소음총기로 경계를 서는 적을 조용히 제거하는 모습을 보신 적이 있나요? 이런 소음총기는 실제 특수작전에서 매우 요긴하게 사용되기 때문에 특수부대를 보유한 나라라면 대부분 사용하고 있어요. 우리 특전사도 대테러 작전과 적진 침투 작전을 위한 소음기관단총이 필요하다고 오래전부터 생각하고 있었죠. 소음총기를 사용하기 전 소리가 안 나는 무기로 선택했던 표창, 대검, 석궁 같은 것들은 모든 면에서 총기에 명백히 뒤처지기 때문이었어요. 일부 부대는 독일 기관단총 MP5의 소음형인 MP5SD7을 수입해 사용했지만 가격과 부품 수급 문제 등에서 어려움을 겪고 있었죠. 결국 특전사는 국산 소음기관단총 개발을 의뢰했답니다.

그렇게 탄생한 K7 소음기관단총은 많은 장병들이 사용하는 K1A 기관단총과 K2 소총을 기반으로 만들어졌답니다. 하지만 탄환의 구경(둘레)이 두 총기가 사용하는 5.56㎜가 아닌 9㎜, 즉 권총 수준이라는 점이 다르죠. 그래서 발사 속도 역시 1분에 1,050~1,250발로 700~900발 발사되는 두 총기보다 빨라요. 이는 먼 거리에서 위력을 발휘하며 적과 교전하는 일반 전투가 아닌 가까운 거리에서 빠르게 탄환을 발사해야 하는 기관단총의 특징을 살린 것이에요.

　가장 큰 특징은 소리를 확 줄여주는 소음기입니다. K7 소음기관단총의 소음기는 총기와 일체형으로 만들어졌어요. 총구에 장착하는 모델보다 소음 효과가 더 높을 뿐만 아니라 총의 길이가 늘어나지 않는 장점이 있죠. 총열에는 30여 개의 구멍이 뚫려 있는데요. 이 구멍으로 빠져나온 가스가 소음기 내부의 알루미늄 박판으로 이뤄진 벌집 구조의 미로를 통과하도록 함으로써 소음 효과를 얻는 원리입니다. 엔진의 소음을 줄여주는 자동차의 머플러와 비슷하다고 생각하면 이해가 빠를 거예요.

　K7 소음기관단총의 또 다른 강점은 단순한 구조와 그로 인한 높은 내구성입니다. K7 소음기관단총은 모래 먼지가 날리는 사막이나 진흙이 가득한 해안 등 이물질이 많은 환경에서도 정상적인 사격이 가능하도록 만들어졌어요. 특수부대들이 먼저 사용하던 MP5SD7이 정확한 사격을 통해 건물 등에서 싸우는 데 강점을 보인다면 K7 소음기관단총은 거친 야외에서 특수작전을 하는 데 더 강점이 있다는 평가를 받고 있어요. 이 역시 한반도의 환경과 우리 특전사의 임무를 고려한 것이라고 합니다.

　K7 소음기관단총은 K1A 기관단총의 아래 총몸과 K2 소총의 위 총몸을 기반으로 만들어졌는데요. 이는 두 총기와 많은 부품을 공유하고 있다는 의미이기도 해요. 즉 부품을 구하고 정비하기가 아주 쉽다는 것이죠.

　그러면 이제 K7 소음기관단총이 실전에서 어떻게 사용되는지 알아볼까요? 보통 팀 단위로 움직이는 특전사 요원들이 임무를 수행할 때 가장 중요하게 생각하는 것은 바로 '적에게 들키지 않아야 한다'입니다. K7 소음기관단총은 소음이 아주 작기 때문에 특전사 팀의 가장 선두에서 단거리에 있는 적을 제압할 때 사용된답니다.

말씀드린 것처럼 K7 소음기관단총은 '선택받은 자의 무기'란 별명처럼 실물을 보기란 쉽지 않아요. 대신 큰 관심을 받는 덕분에 모형으로 많이 제작됐죠. 관심이 있는 분이라면 쉽게 찾아보실 수 있을 것 같아요.

구경	9mm
길이	788mm(개머리판 확장 시), 134mm(총열)
무게	3.4kg
발사 속도	1,050~1,250발/분
유효 사거리	100~150m
최대 사거리	200m

| K7 소음기관단총 제원

세계에서 단 하나뿐인 권총

- K5 권총

마지막으로 여러분들이 가장 잘 알고 있을 무기, 총 중에서도 가장 대중에게 익숙한 총인 권총에 대해 이야기해 볼까 합니다.

세계에는 여러 권총이 많지만, 그 가운데도 우리 국군이 공식적으로 사용하는 국산 '제식 권총' K5를 소개할게요.

많은 사람들이 권총을 '총의 대명사'로 생각하지만, 사실 군에서 권총은 그리 자주 볼 수 있는 무기가 아니랍니다. 군에서 대다수를 차지하는 병사들은 전차병이나 특수임무반, 공동경비구역(JSA) 근무자 등 일부 특별한 경우를 제외하면 앞서 소개해 드린 K2 같은 소총을 쓰기 때문이죠. 보통 권총은 부대의 간부, 즉 장교들에게 지급된답니다.

다시 K5 권총으로 돌아가 보면, K5 권총은 대한민국이 독자 개발한 총기라는 점에서 큰 의미가 있습니다. K2 소총도 그랬지만 K5 권총은 개발 과정에서 이미 세계 시장을 석권하고 있는 유명한 권총들의 장점을 집대성해 만들어졌어요.

K5 권총이 개발되기 전 우리 군은 6·25전쟁과 베트남전쟁을 거치며 미군에게 받은 콜트 M1911A1 권총을 사용했어요. 하지만 한국인의 체형에 맞고, 원활하게 탄약 공급을 할 수 있는 국산 권총이 필요하다는 목소리가 나오기 시작했죠. 6년여에 걸친 개발 결과 1989년 9월 K5 권총은 정식으로 우리 군에 보급되기 시작합니다. 지금이 2025년이니 너무 오래된 것 아니냐고요? 그렇지 않답니다. 권총은 오랜 역사를 가진 무기라 기능적인 측면에서 완성도가 굉장히 높거든요. 웬만한 기능은 이미 다 갖춰져 있다고 보면 돼요. 실제로 미 육군도 1911년부터 사용한 콜트 M1911 시리즈를 70년 넘게 제식 권총으로 사용했었어요.

K5 권총은 다른 유명 권총과 마찬가지로 9㎜ 탄환을 사용해요. 또 강철에서 알루미늄 합금으로 소재가 변하던 당시의 트렌드를 받아들여 무게(734g)도 많이 가벼워졌죠. 크기는 한국인의 체형을 고려해 총열(탄환이 지나가는 철관) 길이 105㎜, 전체 길이 191㎜로 구성했어요. 앞서 사용하던 M1911A1(총열 길이 127㎜ · 전체 길이 210㎜)보다는 다소 작지만 이 역시 세계 평균 수준이에요. 수동 안전과 공이 차단 시스템, 안전 레버, 탄창 제거 버튼 등을 모두 두 손으로 조작할 수 있도록 해 왼손잡이들을 배려한 것은 K5의 특징이랍니다.

무엇보다 눈에 띄는 것은 양산 권총 가운데 세계에서 유일하게 가지고 있는 '속사(Fast Action)' 기능이에요. K5를 제외한 권총은 총

윗부분에 탑재한 슬라이드를 당기거나 공이를 젖혀 발사 준비를 한 뒤 방아쇠를 당겨 쏘는 '단동식(Single Action)'과 방아쇠를 당기면 공이가 젖혀지면서 발사 준비가 된 뒤 격발까지 이어지는 '복동식(Double Action)'만 사용하고 있죠. 단동식 권총은 발사 준비를 한 뒤 방아쇠를 당길 때 들어가는 압력이 가볍다는 장점이 있지만 첫 발을 발사할 때까지 준비 동작이 필요해 빠른 대응이 어렵다는 단점도 있어요. 복동식은 슬라이드를 당기는 등 준비 동작은 없지만 쏠 때 방아쇠 압력이 높아 명중률이 다소 떨어진다는 지적이 있죠.

K5 권총의 속사는 이 두 방식의 장점을 모두 누릴 수 있도록 구성됐어요. 속사 기능을 사용하려면 단동식처럼 발사 준비를 한 상태에서 공이를 다시 제자리로 돌려놓으면 된답니다. 이후 방아쇠를 당기면 복동식처럼 빠르게 대응할 수 있지만, 방아쇠 압력은 낮아 오발을 줄일 수 있죠. K5 권총을 제작한 방산기업은 속사 기능의 국제 특허를 가지고 있답니다.

이런 속사 기능의 특별함 때문일까요? K5 권총은 보수적이라는 해외 권총 시장에서 3만 5,000여 정이 수출되며 나름의 인기를 끌고 있는데요. 제작사는 다른 나라들의 요구에 맞춰 디자인을 개선한 DP51이나 추가 장비 장착이 가능한 DP51MKⅡ, 크기를 줄인 DP51C, 총열 길이만 줄인 DP51S, 강한 화력을 내기 위해 사용 총탄을 바꾼 DH40 등 다양한 개량형 모델을 만들었답니다. 이런 노력 덕분에 해외 방산 시장에서는 K5 권총에 대해 '흥미로운 기능이 있는 가성비 높은 권총'이란 평가를 내리고 있어요. 먼 훗

날 장교가 된 어린이 독자라면 아마 이런 특별한 K5 권총을 손에 쥐어보는 경험도 할 수 있을 거예요.

길이	190mm(전체)/105mm(총열)
무게	734g
구경	9×19mm
총구 속도	초속 351m
작동 방식	단동식, 복동식, 속사
유효·최대 사거리	50m

| K5 권총 제원

나가는 글

총 한 자루 없던 대한민국, K-방산으로 세계에 우뚝

 지금까지 우리는 대한민국 국군이 사용하고 있는 여러 무기체계들을 살펴봤어요. 모든 무기를 다 다룬 것은 아니지만 육·해·공군, 해병대가 사용하는 대표적인 무기체계는 거의 다 다뤘다고 생

각해요. 육군이 자랑하는 워리어플랫폼이나 최근 전쟁의 판도를 바꾸는 '게임 체인저(Game Changer)'로 각광받는 드론 및 무인기, 대형 미사일과 같은 전략무기 등 미처 다루지 못한 무기체계는 기회가 된다면 나중에 다시 한번 소개해 볼까 합니다.

쓰임새도, 모습도 저마다 제각각인 무기체계였지만 대부분이 가지고 있는 공통점이 하나 있어요. 예리한 독자분이라면 눈치채셨을 것 같은데요. 바로 대부분이 우리 기술로 만들어진 국산 무기체계라는 점이에요.

잠깐 여러분께 특별한 두 가지 무기를 소개해 드릴게요. 바로 '복제 M2 카빈 소총'과 '대한식 소총'이라는 물건입니다. 복제 M2 카빈 소총은 6·25전쟁 때부터 미군이 사용하던 M2 카빈 소총을 우리나라 연구진이 복제한 것입니다. 1970년 '자주국방'이란 목표 아래 세워진 국방과학연구소(ADD)는 우리도 총기를 만들어야 한다는 판단에 따라 미군의 M2 카빈 소총을 입수해 카피에 나섰습니다. 이제 막 세워진 연구소인지라 제대로 된 총기 생산시설은 꿈도 못 꾸는 처지였죠. 그렇지만 연구진은 청계천 상가를 뒤지고, 미군에 자료를 요청하는 등 백방으로 뛰어다니며 설계에 나섰고, 한 달 반 만에 M2 카빈 소총과 똑같은 성능을 가진 복제품 10정을 만드는 데 성공했어요.

대한식 소총은 이보다 더 유서가 깊어요. 정확한 기록은 없지만 1952년 우리 기술로 만든 첫 무기가 바로 대한식 소총인 것으로 알려져 있어요. 6·25전쟁 당시 국군은 일제가 남기고 간 99식 소총과 미군이 지원한 M1 개런드 소총을 사용했지만 이를 대체할 우리

소총이 필요하다는 의견에 따라 개발에 나섰고, 그 결과물이 바로 대한식 소총이에요. 전쟁통에 급하게 만든 무기였지만 성능은 나쁘지 않았다는 평가예요. "M1 개런드 소총에는 미치지 못하지만 99식 소총보다는 우수하다"는 기록이 남아 있을 정도니까요. 하지만 정전협정 이후 미국으로부터 양도받은 대량의 M1 개런드 소총이 국군의 제식 소총으로 채택되면서 대한식 소총은 더 이상 만들어지지 않았지만 우리가 가진 잠재력을 여실히 보여준 무기랍니다.

이 두 무기는 총 한 자루 만들 능력 없이 6·25전쟁이라는 비극을 겪었던 우리나라가 지금의 세계적인 방위산업 강국으로 거듭날 수 있었던 소중한 원동력이에요. 지금에야 보잘것없는 총 한 자루지만 그 가치는 실로 어마어마하죠.

1970년 국방과학연구소가 설립된 지 이제 55년. 우리나라는 앞서 있던 많은 선진국들을 따라잡고 자주국방의 꿈에 다가서고 있어요. 또 K-방산이란 이름으로 세계에 대한민국 무기체계의 우수성을 널리 인정받고 있죠.

책을 시작하면서 왜 우리가 '사람을 해치는' 무기를 가지고 있어야 하는지에 대해 생각해 보자고 했어요. 책을 다 읽은 지금, 여러분은 어떤 생각을 가지게 됐나요?

무기는 그것을 든 사람이 어떻게 사용하느냐에 따라 남을 해칠 수도, 살릴 수도 있답니다. 강력한 힘을 갖춰 스스로를 지키는 것에서 더 나아가 다른 무기로 인해 고통받는 이들을 도울 수도 있죠. 세계 여러 나라가 모인 국제연합 유엔(UN)이 여러 분쟁국에서 펼치고 있는 평화유지군(PKO) 활동이 대표적인 경우죠. 가까이로는 6·25전쟁 당시 위기에 빠진 대한민국을 돕기 위해 UN군이 나선 것도 있고요.

   대한민국의 미래인 여러분은 앞으로 이런 무기를 직접 손에 들 수도, 혹은 개발할 수도 있는 잠재력을 가지고 있어요. 이 책이 어린이 여러분의 지식을 키우고 올바른 가치관을 형성하며, 나아가 스스로의 생각을 정리할 수 있는 계기가 됐다면 더할 나위 없을 것 같습니다.

   소중한 보물이자 나의 모든 것, 무엇이든 될 수 있는 무한한 가능성을 가진 아들 맹지한과 혼자서는 이뤄낼 수 없던 일들을 이룰 수 있게 해준 사랑하는 아내 김윤애에게 이 책을 바칩니다.

어린이를 위한
국군 무기 이야기

초판 1쇄 발행 2025. 7. 27.

지은이 맹수열
펴낸이 김병호
펴낸곳 주식회사 바른북스

편집진행 김재영
디자인 김효나

등록 2019년 4월 3일 제2019-000040호
주소 서울시 성동구 연무장5길 9-16, 301호 (성수동2가, 블루스톤타워)
대표전화 070-7857-9719 | **경영지원** 02-3409-9719 | **팩스** 070-7610-9820

•바른북스는 여러분의 다양한 아이디어와 원고 투고를 설레는 마음으로 기다리고 있습니다.
이메일 barunbooks21@naver.com | **원고투고** barunbooks21@naver.com
홈페이지 www.barunbooks.com | **공식 블로그** blog.naver.com/barunbooks7
공식 포스트 post.naver.com/barunbooks7 | **페이스북** facebook.com/barunbooks7

ⓒ 맹수열, 2025
ISBN 979-11-7263-500-8 73390

•파본이나 잘못된 책은 구입하신 곳에서 교환해드립니다.
•이 책은 저작권법에 따라 보호를 받는 저작물이므로 무단전재 및 복제를 금지하며,
이 책 내용의 전부 및 일부를 이용하려면 반드시 저작권자와 도서출판 바른북스의 서면동의를 받아야 합니다.